大師課徒：向大師學教育

魏邦良 著

崧燁文化

目錄

目錄

自序 7

第一章　李叔同與弟子 9
切己良箴君須記 10
先器識而後文藝 14
半是鼓勵半批評 17
孤獨求敗 19

第二章　陳垣與弟子 23
閒時不學臨時悔 23
愛護學生自尊心 26
善用環境最要緊 29

第三章　吳宓與弟子 39
學好古典文學四要點 40
事無大小不苟且 43
讀書如戀愛 46

第四章　劉文典與弟子 51
保護學生不惜命 52
教學貴新 53
一張書單就是一堂課 56
發揚民族真精神 56

第五章　陳寅恪與弟子 59
不採花即自由 60
不求學位求學問 64
聽課如聽楊小樓 66

師道熱腸 68

第六章　胡適與弟子 73
　　有一分證據，說一分話 74
　　小題要大做 79
　　讀書三要訣 83
　　論人須持平 87
　　如何讓文章進步 91

第七章　趙元任與弟子 97
　　未曾謀面已是師 100
　　終生受用的一句話 101
　　充滿遊戲味的正經話 106

第八章　顧頡剛與弟子 113
　　視學生為平等對手 114
　　憐才惜才 115
　　八項規定 116
　　對症下藥 118
　　十字箴言 121
　　求士為不朽 122

第九章　錢穆與弟子 125
　　讀書當知言外意 125
　　遊歷如讀史 126
　　執著自己的見解 131
　　學文唯一正路 132
　　一生只著一部書 135
　　做筆記要留一半空白 140

第十章　傅斯年與弟子 145

會讀書更能做事	145
把才子氣洗乾淨	152
高標準嚴要求	156
菩薩心	158

第十一章　葉企孫與弟子　　161

明其道計其功	162
實驗做不好，理論也要扣分	167
給學生自由選擇的權利	169
課上得不好，卻對得住學生	170
名師是這樣煉成的	171

第十二章　王力與弟子　　173

大牛帶小牛	173
化批評為營養	174
十足安全感	176
龍蟲並雕	179

第十三章　錢鍾書與弟子　　181

一堂課就是一篇好文章	181
書是音符話是歌	184
無微不至的關懷	188
歡迎批評的人是有力量的	191
神州自有好湖山	194
漫言高處不勝寒	195
最聰明的人下最笨的功夫	196
寫文章好比追女孩子	199
世事洞明皆學問	201

自序

自序

筆者忝為人師二十七年之久,由於天性愚笨,對如何當好老師,還是懵懵懂懂。好在中國歷史上,良師之多,不勝枚舉。那麼,看看他們如何傳道授業,如何設帳課徒,對我豈止不為無益,簡直大有好處。

撰寫這本《大師課徒》的初衷正在於此。

朱元璋相當賞識大學士宋濂,對他說:「朕以布衣為天子,卿亦起草萊列侍從,為開國文臣之首,俾世世與國同休,不亦美乎?」為示恩寵,朱元璋任命宋濂長孫宋慎為殿廷儀禮司序班,次子宋璲為中書舍人。祖孫三代同在朝廷為官,一時傳為佳話。

然而,正如俗話說的那樣,世間四事常不了:春寒與秋暖,老健及君寵。幾年後,朱元璋處死胡惟庸,並發起一場轟轟烈烈斬草除根的清除「胡黨」運動。宋慎、宋璲受此牽連命喪黃泉。年過七旬的宋濂也「一朝捉將官裡去」,眼看斷送老頭皮。

太子朱標,為救老師宋濂的命,以死相諫,希望皇父能放老師一條生路。皇后也開始茹素,為宋濂祈禱,並含淚勸說丈夫,曰:「民間延一塾師訓子弟,尚始終不忘。宋先生授太子諸王經甚劬,今奈何殺之?況宋先生致仕在家,又何與京師事也?」

因為當過太子的老師,身處險境,太子才會捨命相護,皇后才會含淚勸告,而朱元璋也不得不老大不情願地收回成命,將死刑改為流放。可見,老師這一職業,在國人心目中,原本有著很高的地位。

太祖朱元璋的殘暴與太子朱標的善良形成鮮明對照,父子倆因此格格不入。酷虐的太祖如何生出一個溫厚的太子?因為太子有個天性醇厚的老師宋濂,苦口婆心,言傳身教,向他灌輸了多年「仁為本」、「禮為先」的道理。正如方孝孺說的那樣:「太子寬大仁明,天下歸心愛戴,太史公(宋濂)之功居多。」

自序

　　一個人的身體髮膚來自父母，一個人的思想品質往往出自老師的「手筆」。考慮到老師對弟子的決定性的影響，為人師者不可不慎之又慎。

　　寫作過程中，大師們對教育的嘔心瀝血，對弟子的牽腸掛肚，以及他們做人之溫厚，做事之謹嚴，都予我「高山仰止，景行行止；雖不能至，心嚮往之」之感。

　　寫這本書，是朝聖之旅，也是取經之路。倘若，日後在教學中，能從大師那裡「偷」得一招半式的「武功」，那就是筆者的福分與造化了。

　　權以這本小書向大師致敬。

　　本書出版得益於梁由之先生的幫助，在此深表感謝。

　　最後，還要感謝妻子賈冬梅女士多年來對我的大力支持。

第一章　李叔同與弟子

「長亭外，古道邊，芳草碧連天……天之涯，海之角，知交半零落」，聽到這熟悉而優美的旋律，我們眼前會浮現一個形象：面龐清癯，目光清澈。是的，他就是這首歌詞的作者，著名教育家李叔同先生，也就是後來蜚聲海內外的高僧弘一法師。

李叔同一生，經歷豐富，身分多變。令人稱道的是，無論做什麼，他都那麼認真與徹底，一絲不苟，一以貫之。做公子，風流倜儻；寫文章，嘔心瀝血；傳道授業，鞠躬盡瘁；弘揚佛法，死而後已。

無論在人生的哪個階段，無論從事的是何種職業，他都全力以赴，力臻完美。終其一生，他以常人難以企及的赤誠與熱情對待手頭的每件事和身邊的每個人。

夏丏尊是李叔同在浙江第一師範任教時的同事。一次，學生宿舍遭竊，大家懷疑是某個學生所為，卻苦無證據。夏丏尊當時身為舍監，無奈之下向李叔同請教。李叔同對他說：「你肯自殺嗎？你若出一張布告，說做賊者速來自首。如三日內無自首者，足見舍監誠信未孚，誓一死以殉教育。果能這樣，一定可以感動人，一定會有人來自首。──這話須說得誠實，三日後如沒有人自首，真非自殺不可。否則便無效力。」

夏丏尊沒勇氣接受李叔同的建議，但他從這番話領教了李叔同做人的純粹與認真。

給學生上第一堂課，李叔同能準確叫出每個學生的姓名，因為此前他已熟讀學生的名冊。透過這件小事，學生們感受到老師的細緻與熱忱，並為此而折服。

在浙江第一師範，圖畫與音樂兩門課學生原本興趣不大，但李叔同任教後，這兩門課卻受到學生的熱捧。夏丏尊分析，原因一半是李叔同「對這兩科實力充足」，一半是他的感化力大。學生們是因為崇敬他佩服他，才爭先恐後去聽他的課。

當時的學生豐子愷證實了夏丏尊的推測。

豐子愷說，那時他們每天要花一小時練習繪畫，花一小時去練習彈琴，不以為苦，樂在其中，是因為「李先生的人格和學問」統制了學生們的感情，折服了學生們的心。弟子們真心崇拜李叔同，所以會自動地聽他的話，按他的教導去做。

如果說，李叔同在學生心目中的形象高大而完美，那是因為他的人格與學問讓他們深深嘆服。

從人格來看，李叔同當教師不為名利，全力以赴；從學問上看，他國文水平比國文先生更高，英文功底比英文先生更厚，歷史知識比歷史先生更多；書法金石，他是專家；中國話劇，他是鼻祖。豐子愷說：「他不是只教圖畫、音樂，他是拿許多別的學問為背景，而教他的圖畫、音樂。」

夏丏尊認為，李叔同好比一尊佛像，有後光，故能令人敬仰。

課堂上，李叔同多次向學生灌輸「先器識後文藝」的思想，要求學生首重人格修養，再談文藝學習。而他本人正是這樣。

廣博學識與高潔人品構成李叔同的「後光」。

豐子愷與劉質平都曾受業於李叔同的門下。李叔同對這兩位弟子的悉心指教與熱誠相助，譜寫了教育史上一段佳話。

切己良箴君須記

劉質平家境貧寒學習刻苦，一次，他拿著習作去請教老師。李叔同對他說，晚上八點在音樂教室見。當晚突降大雪，劉質平頂著寒風準時赴約，卻見教室門關著，裡面黑漆漆的。他站在走廊裡等。十分鐘後，教室裡的燈突然亮了，李叔同從裡面走了出來。原來他在考驗劉質平。

劉質平考驗過關，李叔同決定每週額外指導他兩次。

一九一五年，劉質平因病休學。李叔同去信寬慰弟子，說：「人生多艱，不如意事常八九。」鼓勵弟子要「鎮定精神，勉於苦中尋樂。」在信末，李叔同勸弟子多讀古人修養格言，因為「讀之，胸中必另有一番境界。」

在老師的寬慰鼓勵下，劉質平邊養病邊讀書，學業大有長進，病癒後聽從老師的建議赴日本留學。

在李叔同眼中，劉質平「志氣甚佳，將來必可為中國人吐一口氣」，對他寄予厚望。儘管弟子不在身邊，李叔同仍透過書信細心指點。在一封信中，他叮囑弟子要特別注重以下六點：

一、注重衛生，保持健康，避免中途輟學；適度運動，早睡早起。

二、登台演奏要慎重，避免遭人嫉妒；盡量做到抱璞而藏。

三、慎重交遊，避免是非。

四、要循序漸進，勿操之過急。

五、不浮躁、不矜誇、不悲觀、不急近、不間斷，日久自有適當之成績。

六、要有信仰，以求心靈平靜精神安樂。

信中，李叔同還抄錄數則格言供劉質平吟詠學習。

因經濟困頓、健康欠佳，劉質平留學期間，常感「愈學愈難」，甚至心灰意冷學不下去。這時候，李叔同的書信便如一縷春風吹散他心頭悲觀的霧霾。

在一封信中，李叔同開導弟子說：「愈學愈難。是君之進步，何反以是為憂？」李叔同勸弟子切勿「憂慮過度，自尋煩惱」。李叔同指出，劉質平消沉灰心的根本原因是「志氣太高，好名太甚」，所以他給弟子開出的藥方是「務實循序」。

在另一封信中，李叔同叮囑弟子要「按部就班用功，不求近效」，因為「進太銳者恐難持久」；另外，他告誡弟子「不可心太高」，因為「心高是灰心之根源也！」

第一章　李叔同與弟子

家境愈來愈糟，劉質平終失去了家庭資助，眼看學業就要中斷。此時的李叔同儘管薪水不高家累又重，仍慷慨解囊，決意資助弟子完成學業。在給弟子的信中，李叔同詳細列出自己收入支出：

每月薪水一百零五元；上海家用四十元；天津家用二十五元；自己食物十元；自己零用五元；自己應酬費、添衣物費五元。如此，每月可餘二十元。

他表示，這每月二十元可供劉質平求學所需。

他在信中叮囑弟子記住幾點：一、這筆錢是饋贈不是借貸，不必償還；二、不要對外人說起此事；三、安心讀書。

可見，李叔同資助弟子，完全出於愛才，出於內心的善良，絕非沽名釣譽。

老師節衣縮食資助自己讀書，劉質平雖萬分感謝，卻於心不忍，所以他請老師設法為自己爭取官費。李叔同找到主管問詢此事，遭對方婉言拒絕。於是李叔同寫信勸弟子，不必費神謀求官費了，自己不會辭職，一定會如約資助他完成學業。由於在信中涉及對他人的評價，李叔同要求弟子「此信閱畢望焚去」，因為「言人是非，君子不為」。

李叔同喜歡抄錄格言供弟子學習，而劉質平則以大旱望雲霓的心情，渴盼老師寄來的這些精神食糧、文化補品。一次他寫信請老師再寄來格言「佳餚」，李叔同便將「近日所最愛誦者數則」抄錄給弟子，這數則格言有一個共同的涵義——躬自厚薄責於人：

日夜痛自點檢且不暇，豈有工夫點檢他人。責人密，自治疏矣。

不虛心便如以水沃石，一毫進入不得。

自己有好處要掩藏幾分，這是涵育以養深。

別人不好處要掩藏幾分，這是渾厚已養大。

涵養全得一緩字，凡語言動作皆是。

宜靜默，宜從容，宜謹嚴，宜儉約，四者切己良箴。

謙退第一保身法，安詳第一處世法，涵容第一待人法，灑脫第一養心法。

物忌全勝，事忌全美，人忌全盛。

世人喜言無好人，此孟浪語也。推原其病，皆從不忠不恕所致。自家便是個不好人，更何暇責備他人乎？

面諛之詞，有識者未必悅心；背後之議，受憾者常至刻骨。

李叔同因嘗試「斷食」而迷上佛學，終決意斷髮出家。入山剃度前夕，李叔同什麼都放下了，親情、友情、愛情，都已放下；唯獨放不下的是，遠在日本求學之弟子的學費。他寫信告訴劉質平，自己出家之前會借一筆錢做他的學費：「余雖修道念切，然絕不忍置君事於度外。此款倘可借到，余再入山。如不能借到，余仍就職至君畢業時止。君以後可以安心求學，勿再過慮，至要至要！」

這番話，體現出一諾千金的美德，更蘊含李叔同對弟子深沉之愛。

李叔同皈依佛門後，與弟子的交往並未中斷，他對弟子的開導依舊像往日那樣懇切而真摯。得知劉質平幼子夭折後，李叔同去信安慰：

數月前聞仁者云：依星命者說，今歲暮假期內，令堂或有意外之變故。今母存而子殤，或是因仁者之孝思，感格神明，故有此報歟？若母亡則不可再得，子殤猶可再誕佳兒。務乞仁者退一步想，自可不生憂戚，而反因萱堂康健，更生慶慰之心矣。

務乞仁者自今以後多多積德，上祝萱堂延年益壽，下願再誕佳兒，繼續家業。如是乃可於事有濟。若徒悲戚，未為得也。務望仁者放開懷抱，廣積善德。

這番勸慰是否能化解弟子心中的悲痛難以逆料；但一位老師期盼弟子驅散哀傷、走出厄運的苦心，卻因這番話而感人肺腑。

作為老師，李叔同對劉質平的物質資助，肉眼看得見，分得清；而在劉質平的精神成長、自我形成方面，李叔同所傾注的心血，雖肉眼難以覺察，卻更加彌足珍貴。正是從這個意義上，我們才會感慨：一日為師，終身為父。

提起老師李叔同，劉質平會忍不住流淚道：「老師和我，名為師生，情如父子。」

李叔同出家後，劉質平常給老師寄去物品和用具，李叔同則以自己所寫的條幅和佛經回贈。他是大書法家，這些手跡相當珍貴。他對劉質平說：「我入山以來，承你供養，從不間斷。我知你教書以來，沒有積蓄，這批字件，將來信佛居士們中間必有有緣人出資收藏，你可以將此留作養老及子女留學費用。」

李叔同前後送給弟子的書件達千件，裝滿了十二口箱子，其中多為書法精品。

抗戰時期，劉質平一家貧病交加，但他沒有出售老師一件書法作品。孔祥熙曾託人開價五百兩黃金為美國博物館購買李叔同手跡《佛說阿彌陀經》，劉質平一口回絕。

作為李叔同的得意門生，劉質平深知老師書法作品價值連城，無論在烽火連天的戰爭年代還是在文化浩劫的十年，他都將老師的作品當作至寶，捨命相護。

▍先器識而後文藝

如果不是李叔同慷慨解囊，劉質平的學業會過早中斷；而如果沒有李叔同關鍵時刻的出手相助，豐子愷恐怕早被學校除名了。事實上，如果不是在人生的關鍵時刻遇見恩師李叔同，劉質平和豐子愷的人生將完全不同。每一位成功的弟子身後，都有一位春風化雨的恩師，對劉質平和豐子愷來說，這位恩師當然就是李叔同。

豐子愷原本喜歡數理化，從未想過專攻繪畫與音樂，因為聽了李叔同的課，才漸漸喜歡上繪畫和音樂。在豐子愷眼中，李叔同從不疾言厲色批評學生。有學生在課堂上犯了錯，他只在下課後和顏悅色向對方指出，然後向這位學生鞠一躬，提示他可以走了。對老師的喝斥學生們司空見慣，也就麻木不仁了；對李叔同這樣的彬彬有禮，學生們反而手足無措。一位學生說：「我

情願被夏木瓜（夏丏尊外號）罵一頓，李先生的開導真是吃不消，我真想哭出來。」

曹聚仁也是李叔同的弟子，他在文章中回憶說：「在我們的教師中，李叔同先生最不會使我們忘記。他從來沒有怒容，總是輕輕地像母親一般吩咐我們。他給每個人以深刻的影響。」

有些老師滿足於學生口服，居高臨下以勢壓人，不過色厲內荏收效甚微；李叔同要的是弟子心服，動之以情曉之以理，反而不怒自威令人敬畏。用豐子愷的話來說就是「溫而厲」。

因為聽從老師的指導，直接從石膏上寫生，豐子愷的繪畫進步迅速。當時豐子愷擔任級長，經常為班級事向李叔同彙報。一次，彙報完了，轉身欲走，李叔同喊他回來，對他說：「你的圖畫進步很快，我在南京和杭州兩處教課，沒有見過像你這樣進步快速的學生。你以後，可以……」

聽到老師說出這樣的話，豐子愷如同在數九寒天突然置身於燦爛的陽光下，那份溫暖與喜悅，令他微微有些暈眩。看著老師期待的眼神，他激動而鄭重地說：「謝謝先生，我一定不辜負先生的期望！」那天晚上，李叔同敞開心扉，和這位得意門生聊到深夜。在後來的回憶中，豐子愷說：「當晚李先生的幾句話，確定了我的一生。這一晚，是我一生中一個重要關口，因為從這晚起，我打定主意，專門學畫，把一生奉獻給藝術。幾十年來一直未變。」

少不更事的年輕人，遇到一些突發事件往往處理不好，遂因此受挫。豐子愷在浙江師範讀書時也曾犯下大錯。當時學校有位姓楊的訓育主任，作風粗暴，性情蠻橫。豐子愷因瑣事和他發生口角，一言不合，竟動起手來，雖然只是推推揉揉，並未真正開打，但一向盛氣凌人的訓育主任哪肯善罷甘休，立即要求學校召開會議處理此事。會上，訓育主任痛斥豐子愷冒犯老師忤逆不敬，主張開除豐子愷。這時候李叔同站起來，說了一番話：

學生打先生，是學生不好；但做老師的也有責任，說明沒教育好。不過，豐子愷同學平時尚能遵守學校紀律，沒犯過大錯。現在就因了這件事開除他的學籍，我看，處理得太重了。豐子愷這個學生是個人才，將來大有前途。

第一章　李叔同與弟子

如果開除他的學籍，那不是葬送了他的前途嗎？毀滅人才，也是我們國家的損失啊！

李叔同這番話合情合理，怒氣衝衝的訓育主任出聲不得。接著，李叔同提出自己的主張：「我的意見是——這次寬恕他一次，不開除他的學籍，記他一次大過，教育他知錯改錯，我帶他一道去向楊老師道歉。這個解決辦法，不知大家以為如何？」

李叔同的建議得到大家一致贊同。豐子愷因此逃過一劫，保住了學籍。

李叔同宿舍的案頭，常年放著一冊《人譜》（明劉宗周著），這書的封面上，李叔同親手寫著「身體力行」四個字，每個字旁加一個紅圈。

豐子愷到老師房間裡去，看見案頭的這冊書，心裡覺得奇怪：李先生專精西洋藝術，為什麼看這些老古董，而且把它放在座右銘？後來有一次李叔同叫豐子愷等幾位學生到他房間裡去談話，他翻開這冊《人譜》指出一節給他們看：

唐初，王（勃）、楊（炯）、盧（照鄰）、駱（賓王）皆以文章有盛名，人皆期許其貴顯，裴行儉見之，曰：士之致遠者，當先器識而後文藝。勃等雖有文章，而浮躁淺露，豈享爵祿之器耶……

李叔同把「先器識而後文藝」的意義講解給豐子愷他們聽，說這句話的意思是「首重人格修養，次重文藝學習」，簡言之就是：「要做一個好文藝家，必先做一個好人。」李叔同還提醒幾位弟子，這裡的「貴顯」和「享爵祿」不可呆板地解釋為做官，應該解釋為道德高尚、人格偉大的意思。

李叔同那晚的一席話豐子愷留下深刻印象，他說：「我那時正熱衷於油畫和鋼琴技術，對道德和人品重視得還不夠。聽了老師這番話，心裡好比新開了一個明窗，真是勝讀十年書。從此我牢記先生的話，並努力實行之。此後，我對李先生更加崇敬了。」

李叔同出家前夕把這冊《人譜》連同別的書送給了豐子愷。豐子愷一直把它保藏在緣緣堂中，直到抗戰時被炮火所毀。後來，豐子愷避難入川，成

都舊攤上看到一部《人譜》，想到老師從前的教誨，當即買下，以紀念老師曾經的苦口婆心。

在李叔同的教導、幫助與勉勵下，豐子愷才走上繪畫這條路，並始終如一精益求精鑽研畫藝一輩子。

李叔同出家後，雖很少或不再對弟子耳提面命了，但他的一些舉止行為卻依舊讓豐子愷從中受教獲益。

一次豐子愷寄一卷宣紙給弘一法師，請他寫佛號。宣紙多了些，他就寫信問豐子愷，多餘的宣紙如何處置？又一次，豐子愷寄給弘一法師的信郵票多貼了一些，他就把多的幾分寄還給豐子愷。後來豐子愷寄紙或郵票，就預先聲明：多餘的就奉送給老師。

豐子愷曾請老師去家中便飯，請他在籐椅上就坐，弘一法師總是先搖一搖籐椅，然後再坐。每次都如此。豐子愷不解，問老師何以如此。弘一法師答：「這椅子裡頭，兩根藤之間，也許有小蟲伏著。突然坐下去，要把它們壓死，所以先搖動一下，慢慢地坐下去，好讓它們走避。」

以上幾件生活瑣事貌似尋常，卻讓豐子愷心靈受到極大震撼，他意識到在做人認真方面，自己和老師還有很大差距。所以，無論做人繪畫，自己不能存絲毫的懈怠之心。

一九四八年十一月，豐子愷結束了在臺灣的畫展和講學，特意去泉州憑弔老師的圓寂之處——開元寺溫陵養老院。在老師的故居和他手植的楊柳前，徘徊良久，不願離去。最後繪畫一幅，題詞曰：「今日我來師已去，摩挲楊柳立多時。」

豐子愷對老師的追慕與懷念，濃縮在這兩句題詞中。寥寥數語，勝過千言。

半是鼓勵半批評

如果劉質平、豐子愷算「學霸」的話，李鴻梁就是那種離「學霸」遠，離「學渣」近的學生。該生性子急脾氣暴，不是老師心目中的好學生。一次，

第一章　李叔同與弟子

李叔同在後排指導一位學生改畫,李鴻梁卻站在前排看石膏模型上的說明卡,擋住了視線。李叔同便喊他「讓開」,也許聲音大了些,李鴻梁很不高興,回到座位後把書本重重摔在課桌上以示不滿。

晚上,有人給李鴻梁一張紙條,說是李老師請他去一趟。李鴻梁知道一頓批評是免不了的,但他自認有理滿不在乎,一邊走一邊準備如何抗辯。到了老師的宿舍,李叔同和藹地問他:「你今天上午有點不舒服嗎?下次不舒服可以請假。」然後對他說:「沒事了,你可以回去了。」

本來,李鴻梁卯足了勁要和老師唇槍舌劍一番,沒想到準備好的詞句派不上用場。他先是大失所望,繼而慚愧不已。老師溫和的語言、慈藹的眼神如同清澈的溪水,李鴻梁從中看到了自己的蠻橫與渺小。接下來的幾天,他幾乎不敢直視老師那張嚴正又溫和的臉。

然而,過了一段時間,他一時頭腦發熱又做了件讓自己後悔不迭的事。那次,他從圖畫室出來,高聲問一位同學:「李叔同到哪裡去了?」哪知老師就在隔壁,聞聲探出頭來,平靜地問:「有事嗎?」李鴻梁沒想到唯一一次直呼老師大名,卻被老師逮個正著,當下六神無主,逃之夭夭。事後,李鴻梁回憶道:「聽到我直呼其名,老師仍很自然地問『什麼事?』然而我已汗透小衫了。憑良心講,我從來沒有直呼其名,就是從他出家一直到現在,還是叫他李先生,不知道為什麼,那一次,竟神經錯亂地失了常態!直到現在想起來,還覺得臉孔熱辣辣的。」

李叔同根本沒把這當回事。他知道李鴻梁心直口快、性格倔強。擔心這位弟子不通世故、鋒芒畢露,李叔同還特意給他寫了封信,指點他處世要「圓融」些,否則難免摔跟頭。隨信還附有一副對聯「拔劍砍地,投石沖天」和一張橫幅「豪放」,一半是鼓勵,一半是批評。

為了讓弟子適應社會,提高業務水準,李叔同還安排李鴻梁去南京高師為自己代課,為弟子的鍛鍊和發展提供一個難得的平台。

李叔同沒有因為李鴻梁的無禮莽撞對他心懷成見，而是一直以真誠與熱情溫暖感化他。李叔同對弟子的包容源自一種愛。正是這種愛，讓一個班級「刺頭」變成學習標兵；讓扎手的「仙人球」變成悅目的「君子蘭」。

　　儒者云：「聞伯夷之風者，頑夫廉，懦夫有立志。」李鴻梁於恩師李叔同，正是如此。

孤獨求敗

　　李叔同皈依佛門後，更多是透過身教而不是言傳來教誨弟子，更多是透過自責而不是責人來感染他人。

　　他所在的寺院有幾位學僧偷看《薄命鴛鴦》、《可憐她》等佛門嚴禁的黃色小說。李叔同沒有去責怪學僧，而是一味自責、傷心落淚，檢討自己教導無方。幾位犯了錯的學僧目睹老師內疚自責，感動又慚愧，決心痛改前非，嚴守戒律，苦讀經書。

　　一九三七年，李叔同（弘一法師）給佛門弟子做了一次講演，題目是《南閩十年之夢影》。談及十年來的行腳生涯和自我修養，他說：

　　我在這十年之中，雖說在閩南做了些事情，成功的卻很少很少，殘缺破碎的居其大半。我常常自我反省，覺得自己的德行實在十分欠缺。因此，近來我自己起了一個名字，叫做「二一老人」。

　　什麼叫「二一老人」呢？這有我自己的根據。記得唐代大詩人白居易《除夜寄微之》中有一句是「一事無成百不堪」，留頭去尾，我把它改為「一事無成人漸老」。這是「一老」。另外「一老」借用的是清代吳梅村臨終絕句「一錢不值何消說」。這兩句詩的開頭一句都是個「一」字，所以我就用來做自己的名字，叫做「二一老人」。意思是，十年來我在閩南所做的事情是並不完滿的，而我也不怎樣去求它完滿了。

　　諸位要曉得：我的性格是很特別的，我只希望我的事情失敗；因為事情失敗不完滿，這才使我常常發大慚愧，大內疚，能夠曉得自己的德行欠缺，自己的修養不足，才能督促我努力用功，努力改過遷善！一個人如果事情做

第一章　李叔同與弟子

完滿了，固是好事，但也容易心滿意足，洋洋得意，反而增長貢高我慢的念頭，生出種種過失來。

李叔同這番話蘊含大智慧。他知道「人無完人，事無完美」，所以任何人在任何時候都不可能功德圓滿；而心存失敗之念，就會永遠警醒自己，不會自滿，不會停下追求、修行的腳步，這樣會充分釋放自己的潛能，雖然最終難免失敗，但卻與成功無限接近；雖然最終不會完美，但卻與完美無限靠攏。

李叔同這番話也顯示出大境界。他知道人的一生，夜以繼日，不停攀登，也不會抵達峰巔，這看起來是失敗，然而，不停攀登本身即賦予了人生的根本意義。

李叔同所謂「追求失敗」，意在提醒弟子們不要以功利的尺度衡量追求的得失，而要從審美的角度探尋人生的價值。

李叔同在泉州承天寺為佛教養正院學僧最後一次講課的題目為「最後之懺悔」，通篇的主題為「自責」。授課中，他對自己的解剖，相當懇切又極為嚴厲：

佛教養正院已辦有四年了。諸位同學初來的時候，身體很小。經過四年之久，身體皆大起來了。有的和我也差不多。啊！光陰很快。人生在世，自幼年至中年，自中年至老年，雖然經過幾十年之光景，實與一會兒差不多。

就我自己而論，我的年紀將到六十了。回想從小孩子的時候造成現在，種種經過，如在目前。啊！我回想以往經過的情形，只有一句話可以對諸位說：就是「不堪回首」而已。

我常自己來想：啊！我是一個禽獸嗎？好像不是，因為我還是一個人身；我的天良喪盡了嗎？好像還沒有，因為我尚有一線天良，常常想念起自己的過失。我從小孩子起一直到現在，都在埋頭造惡嗎？好像也不是，因為我小孩子的時候，常行袁了凡的功過格；三十歲以後，很注意於修養；初出家時，也不是沒有道心。雖然如此，但出家以後一直到現在，便大不同了。因為出家以後二十年之中，一天比一天墮落……就是我的朋友也說我：以前如閒雲

野鶴、獨往獨來、隨意棲止，何以近來竟大改常度？到處演講、常常見客、時時宴會，簡直變成一個「應酬的和尚」了……尤其是今年幾個月之中，極力冒充善知識，實在是大為佛門丟臉。別人或者能夠原諒我，但我對我自己絕對不能原諒，斷不能如此馬馬虎虎地過去……

講演的最後，李叔同引用了龔自珍的一首詩提醒大家，承認「缺陷」有時恰是好事：

未濟終焉心縹緲，萬事都從缺陷好；

吟到夕陽山外山，古今誰免餘情繞？

在這最後一課中，李叔同為何一味「自責」？因為在他看來，作為肉體凡胎的人，自律再嚴、修行再苦，也不可煉成金剛不壞之身，也不會徹底斬除名利思想，斷絕形形色色的貪念嗔欲。那麼，除了不斷修行不斷提高，別無選擇。倘若我們疏於「自責」，稍一鬆懈或滿足，那些已被割斷的欲念，很有可能死灰復燃捲土重來。

李叔同透過「自責」，透過嚴厲解剖自己提醒弟子們，皈依佛門，抑惡揚善，必須做到鞠躬盡瘁死而後已。自滿與懈怠即是墮落之開始。

李叔同提到了那位批評他的友人其實是位年僅十五歲的少年。這位名叫李芳遠的少年，曾給李叔同寫了一封長函，對自己敬重的法師提出善意的批評。李叔同收到信後，慚愧萬分，又慶幸之至，立即接受對方的建議「閉門靜修，摒棄一切」。一九三八年晚秋，在佛教養正院同學會上，李叔同再次談到李芳遠對自己的批評，並表示真誠懺悔，決心改過：「……他勸我以後不可常常宴會，要靜養用功。信中又說起他近來的生活，如吟詩、賞月、看花、靜坐……啊！他是一個十五歲的小孩子，竟有如此高尚的思想，正當的見解。我看到他這一封信，真是慚愧萬分了。我自從得到他的信以後，就以十分堅決的心，謝絕宴會，雖然得罪了別人，也不管他……」

一代高僧，面對一位少年的批評，滿心慚愧，全盤接受，充分顯示他的從善如流，虛懷若谷。

第一章　李叔同與弟子

李叔同應邀為僧眾授課時，從不居高臨下，慷慨激昂。他習慣現身說法，娓娓道來。授課中多是自剖從不責人。在一次和僧眾談「律己」時，他這樣說：

「學戒律的需要『律己』，不要『律人』。有些人學了戒律，便專門拿來『律人』，這就錯了。記得我年少時候住在天津，整天指東畫西地淨說人家的不對。那時我還有位老表哥，一天，用手指指我說：『你先說說你自個。』這是句北方土話，意思就是『首先律己』，不要光說別人。這句話直到現在我還記得，真使我感激萬分。大約喜歡『律人』的，總是看著人家的不對，看不見自己的不對。北方還有一句土話是『老鴉飛到豬身上』，只看見人家黑，不看見自己黑，其實它倆是一樣黑。

還有，人們都為遭到誹謗而苦惱，總想出來解釋解釋，分辯、分辯。其實是不必要的。何以息謗呢？兩個字：『無辯』。人要是遭到誹謗，千萬不要『辯』，因為你愈辯，謗反弄得愈深。譬如一張白紙，忽然誤染了一點墨水，這時候你不要再動它，它不會再向四周濺汙。假使你立即想要它乾淨，一個勁地去擦拭，那麼結果這墨水一定會展拓面積，接連玷汙一大片的。」

李叔同自剖愈嚴，僧眾聽了愈是惶恐：大師自律如此之嚴，我等庸凡之悲，在修行之路上更應戰戰兢兢如履薄冰了。

李叔同從不高談闊論，只是隨意拉家常，卻更容易讓僧眾懂得人生真諦。其實，那些深邃的奧義不正蘊含在日常生活淺白話語中嗎？換句話說，倘若那些玄妙之理，與日常生活無涉，還得藉助曲折晦澀之語方能道出，學它何益？不談也罷！

李叔同授課，舉的是耳熟能詳的例子，說的是一聽就懂的語言，人又那麼謙和、那麼慈藹。這樣的老師，能不讓我們望之儼然即之也溫嗎？這樣的指導這樣的開示，能不讓我們茅塞頓開心明眼亮嗎？

第二章　陳垣與弟子

　　著名歷史學家陳垣十八歲即開始教私塾，此後，他孜孜矻矻，誨人不倦，在教育園地耕耘了七十四年。

　　暮年的陳垣在一篇文章中寫道：「假如我現在還是青年，正在選擇學習志願的時候，我將會毫不猶豫地告訴我的老師，我仍要選擇教師工作，作為我的終身事業。」他對教師職業的熱愛，於此可見。

▌閒時不學臨時悔

　　一九六二年，為慶祝北師大成立六十週年，陳垣寫下這樣的詩句：芬芳桃李人間盛，慰我平生種樹心。其實，用這兩句話來形容陳垣的人生也十分貼切。

　　作為老師，陳垣相當嚴格。他曾開過一門「史源學實習」的課。選用一本近代史學名著作為教材，同時指定段落，讓學生指出該段落所涉及的人物及史實的出處（史源）。這門課就是逼學生去翻閱大量的史料，培養基本功。有學生曾回憶這門別具特色的課：

　　先生在輔仁大學研究所開的一門課，名「清代史學考證法」，辦法是教我們讀《日知錄》。同學五、六人，每人買一本《日知錄》，從卷八（卷八前為經學內容，略過）開始，要我們自己讀，主要工作是將書中每條引文都能找出原書查對一遍，並寫出筆記。有的很容易，比如在正史裡的，有的則很難，比如只有一個人名，年代、籍貫、行事、著述全不知道，簡直像大海撈針。我們每讀一卷，即翻檢群書一遍，然後寫出筆記。記得一次查一條故事，我走了「捷徑」，翻一下《辭源》，說見《說苑》，一查《說苑》，果有此條，即寫見《說苑》某篇，自以為得計。先生看了說，不對，這條最早見於《呂氏春秋》，《呂氏春秋》在前，《說苑》在後，所以應寫見於《呂氏春秋》某篇，不能用《說苑》。

　　陳垣用這種「笨」辦法，培養學生的勤勉與謹嚴。

第二章　陳垣與弟子

在博物館工作的那志良是陳垣的弟子，多年後回憶老師的嚴厲，他似乎還有些「心有餘悸」：

我在二年級時，陳先生擔任我們的國文老師。他不用課本，上課前一天，由教務處油印一篇他指定的古文，不加標點與小注，上課時分發給學生，他便指定一個學生，站起來念，遇有讀錯的時候，他還指點一下，叫第二個人再讀時，再讀錯，他便開始批評了。兩三個人讀過之後，他便指定一個人講解了，講不對時，也要挨罵。他這種教法，在當時，大家都覺得太過分了，背地裡都叫他「老虎」。

不過，畢業後，在工作中那志良才體會到，當年老師的嚴厲，讓他受益無窮。「心有餘悸」變成了心存感激。

陳垣認為，老師若不嚴格，放鬆了對學生的要求，待學生畢業後學業無成時，定會抱怨老師當年的不認真，他說：「規矩嚴，功課緊，教授認真，學生在校時每不甚願意也。及至畢業出世，所知所能者少，則又每咎學校規矩之不嚴，功課之不緊，教授之不認真，何也？語曰：書到用時方恨少；又曰：閒時不學臨時悔。」

柴德賡是陳垣最賞識的學生之一。在陳垣的一份講稿中，有這樣一條批語：「民十九年六月廿五日試卷，師大史系一年生柴德賡、王蘭蔭、雷震、李煥紱四卷極佳。」

陳垣論文寫就，常請柴德賡提意見，這體現了陳垣的謙遜，也表明他對這個弟子的器重、依賴。柴畢業後，仍和老師經常通信，切磋學問。

陳垣藏書達四萬冊，全是線裝書。書房不大，兩排書架間的距離狹窄，陳垣戲稱為「胡同」。陳垣晚上看書，遇到問題就會提著燈籠去「胡同」查資料。一個冬天，柴德賡擔心老師身體，寫信勸老師夜間不要去書房了。陳垣感謝弟子的關心，但不打算接受弟子的勸告，就給弟子回了封很風趣的信：

半夜提燈入書庫是不得已的事情，又是快樂的事情，誠如來示所云，又是危險的事情。但是兩相比較，遵守來示則會睡不著，不遵守來示則有危險。與其睡不著，毋寧危險。因睡不著是很難受的，危險是不一定的，謹慎些當

心些就不至出危險。因此每提燈到院子時，就想起來示所誡，特別小心。如此，雖不遵守來示，實未嘗不尊重來示。請放心、請見諒為幸。

陳垣的「不思悔改」表明了他對學問的痴迷；而他和弟子的「拌嘴」，顯得隨意而親切。足見師徒間毫無隔閡，親如父子。

一些好學的青年，久聞陳垣大名卻沒有聽他講課的福分，只得寫信求教。對於這種「編外弟子」，陳垣從不怠慢，有問必答，而且像在課堂上一樣耐心指導、循循善誘。

方豪年輕時在杭州天主堂修道院求學。修道院禁令嚴，不允許與外面通信。方豪求知心切，借兄長之名，偷偷給陳垣寫信求教。在第一封信中，他就冒昧向陳垣求書：「諸書價值頗貴，世人倒囊，或不易置，而晚以家貧，徒手為請，雖大君子樂成人之美，與人共善，必肯分惠，而晚蒙厚饋，則受之彌愧矣！」

陳垣接信後當即回覆，不僅贈送對方所索之書，還寄去其他幾本，供對方學習。

陳垣知道，一個人在困境中苦學，困難多，壓力大，所以當對方稍有成績，他便寫信慰敏，同時也給予必要的指點：「所譯拉丁文論猶太教一段，具見用功，唯原文資料，悉譯自弘治、正德及康熙二年碑，不如仍求之漢文原本為愈。竊嘗有一譬：先以中幣換英幣，又由英幣換法幣，復換德幣，如是輾轉兌換，若欲得回中幣之原價，恐所虧巨矣。以漢文譯外國文，復由外國文譯回漢文，其意義之損失，當復如是。」

一番話，肯定了對方的功力，也提醒對方要注重「原始資料」。

作為老師，陳垣對弟子有識人之明，也就是了解弟子的性格，再根據不同的性格予以不同的教法。弟子自負，他潑一下冷水；弟子自卑，他鼓一把勁。

學生陳述讀書用功，但自律太嚴，雖一肚子資料，卻不敢寫文章，怕寫不好被人譏笑。陳垣就寫信鼓勵他不要「多所顧忌」：「理叢牘，得兄來書，具見近來聞見日廣，心膽更虛，所謂學然後之不足，必然之過程也，可賀可

賀。唯愚見只要心小，膽不妨大。少年人應保存少年氣象，不必效老年人之多所顧忌也，高見以為何如？」

在信中，陳垣還贈詩一首：

「師法相承各主張，誰非誰是費評量。豈因東塾譏東壁，遂信南強勝北強。」前兩句是說，寫文章不能輕易下結論。後兩句中，「東塾」是陳澧，廣東人，即「南強」；「東壁」是崔述，河北人，即「北強」。陳述是河北人，崔述的老鄉。陳垣用這句話，鼓勵陳述要有自信，不能因為陳澧譏笑過崔述，就認為，南邊的學者就一定勝過北方學者。

▎愛護學生自尊心

對於弟子，陳垣注重的是真才實學，不以文憑高低取人。書法大師啟功的成長就得益於陳垣的「不拘一格降人才」。

啟功因家道衰落，中學未畢業就輟學了。十八歲後，好心的親友想為啟功謀一份穩定的職業，就請傅增湘先生去找陳垣。傅先生拿著啟功的文章和繪畫去找陳垣。回來後，傅先生對啟功說：「陳先生說你寫作俱佳。他對你印象不錯，你可以去找他。」

初次見陳垣，啟功很緊張。陳垣卻親切地對他說：「我叔叔和你祖父是同年的翰林，咱們還是世交呢！」一句話讓啟功輕鬆不少。其實，陳垣對科舉制度很是不滿，他這樣「套近乎」，就是讓啟功別緊張。

啟功沒有大學文憑，陳垣安排他教國一的國文。知道啟功是初上講台，陳垣耐心地幾乎是手把手地作了指導：

教一班中學生與在私塾屋裡教幾個小孩子不同，你站在台上，他們坐在台下，人臉是對立的，但感情萬不可對立。中學生，特別是國中一年級的孩子，正是淘氣的時候，也正是腦筋最活躍的時候。對他們一定要以鼓勵、誇獎為主，不可對他們有偏愛，更不可偏惡，尤其不可隨意譏誚、諷刺學生，要愛護他們的自尊心。遇到學生淘氣、不聽話，你自己不要發脾氣，你發一次脾氣，即使有效，以後再有更壞的事發生，又怎麼發更大的脾氣？萬一無

效，你怎麼收場？你還年輕，但在講台上就是師表，你要用你的本事讓學生佩服你。

啟功遵循老師的指導，認真備課，用心講解，教學效果頗好。但一年後，因文憑不夠，被分管中學的張院長解聘。

陳垣愛才，不忍心看到啟功在家賦閒，虛度時光，就安排他去美術系任教。儘管工作很努力，完全可以勝任這一工作，但管美術系的還是那個重文憑的張院長，一年後，啟功再次落聘。陳垣依舊出手相助，想把啟功安排在辦公室做祕書，他讓弟子柴德賡去問啟功願不願意做祕書，啟功當然求之不得，但他面皮薄，想客氣一下，說自己能力不強，怕勝任不了。柴德賡以為他拒絕了，就如實向陳垣彙報。啟功吃了假客套的虧，失業在家。正值抗戰時期，啟功不工作，家裡就揭不開鍋。為了活命，做了偽職。過了幾個月，陳垣又找到啟功，問他想不想教書。這一回，陳垣安排他去教大一的國文。接到聘書，啟功喜出望外，想到一句戲詞，忍不住喊出來：「沒想到我王寶釧還有今日！」

這次教的是大學，陳垣再次面授「訣竅」：

這次教大學生又和中學生不同。大學生知識多了，他們會提出很多問題，教一堂課一定要把有關內容都預備到，要設想到學生會提出什麼問題，免得到時被動。要善於活絡課堂氣氛，不要老是站在講台上講，要適當地到學生座位中間走一走，一方面可以知道學生們在幹什麼，有沒有偷懶、睡覺、看小說的？順便看看自己板書的效果好不好，學生記下了沒有，沒有記下的就可順便指點一下他們；更重要的是，這樣可以創造一個深入學生的氣氛，創造一個平等、和諧的環境，讓學生們覺得你平易近人、可親可敬。到了大學更要重視學生實際能力的提高，要多讓學生寫作，所以上好作文課是非常重要的。批改作文一定要恰到好處：少了，他們不會有真正的收穫；多了，就成了你給他重做。最好的辦法是面批，直接告訴他們優缺點在哪裡，他們要有疑問，你可以當面講解，這樣效果最好。要把發現的問題隨時記在教課筆記上，以便以後隨時舉例，解決一些普遍性的問題。

第二章　陳垣與弟子

啟功沒有大學文憑，現在要給大一學生上課，當然會抖擻精神，全力以赴。他一方面按老師陳垣的指導去做，一方面去觀摩老師的課，認真揣摩，用心領會。在陳垣的課堂上，他見識了老師講解的精彩，感受到老師知識的淵博，還學到了一些具體經驗。

啟功聽陳垣的課，發現老師板書時，每行（豎寫）只寫四個字。啟功不解就問老師。老師答，你坐教室最後一排就知道了。啟功跑到最後一排，這才明白，原來最後一排的學生只能看到第四個字，多寫一個字，就看不全了。從這件小事，啟功醒悟，老師對待教學要比自己細心多了。

陳垣特別重視學生的作文，要求老師批改作文必須認真細緻，評到點上。他經常把學生的作文貼出來，比一比誰的文筆好，當然也看看哪位老師批改認真。這樣一來，包括啟功在內的教師，批改作文時總是全力以赴，卯足了勁。誰願意在全校師生面前丟臉呢？

陳垣的教誨，讓啟功在教學上入了門；而他的點撥也讓啟功治學方面開了竅。

一開始，啟功雖有滿腹資料，但不知在哪個領域、從哪個角度寫文章。陳垣幫他出謀劃策，問他：「你原來讀過什麼書？哪些書讀得熟？對什麼有興趣？」啟功答：「我的興趣在藝術方面，我接觸、積累了很多這方面的知識。」陳垣就說：「那很好。藝術方面有很多專門知識，你就從這方面入手。」在老師的啟發下，啟功決定在藝術領域開始自己的研究。他最先的目標是研究《急就篇》。

抗戰結束後，北平某局局長想在輔仁大學找人幫忙，找到啟功，請他做某科科長。做科長，薪水要高很多，啟功猶豫不決，就去問老師。陳垣問：「你母親願意嗎？」啟功答：「她不太懂得，讓我請教老師。」陳垣再問：「你自己覺得怎樣？」啟功答：「我少無宦情。」陳垣笑了，說：「既然你並無宦情，那我告訴你，學校送給你的是聘書，你是教師，是賓客；衙門發給你的是委任狀，你是屬員，是官吏。你想想看，你適合做哪個？」啟功恍然大悟。立即給那位局長寫了封辭謝信。他把信給老師過目，老師點點頭，說：「值

三十元。」啟功不能完全明白老師這句話的含義，但他知道對自己的選擇，老師是讚許的。

陳垣是啟功的老師，也是他的恩人。沒有陳垣的幫助，啟功的生命之舟，要麼擱淺在窮困的沙灘上，要麼會誤入歧途。

第二次被張院長解聘後，啟功為生計所迫，做了一階段的偽職。他知道這是汙點是恥辱，但他還是找到一個機會，鼓足勇氣，向老師負荊請罪：「報告老師，那年您找我，問我有沒有事做，我說沒有，是我欺騙了您，當時我正做敵偽部門的一個助理員。我之所以說假話，是因為太想回到您的身邊了。」陳垣聽了，愣了半晌，只說了一個字：「髒！」

這個字，炸雷一般，讓啟功渾身一震。所謂「一字千鈞」，啟功算是領教了。後來回憶這件事，啟功說：「就這一個字，有如當頭一棒、萬雷轟頂，我要把它當作一字箴言，誓戒終身——再不能染上任何汙點了。」

啟功成名後，在多種場合申明：沒有陳垣恩師，就沒有啟功今天。

恩師駕鶴西去，啟功用這樣一副對聯表達了他對恩師的難分難捨：依函丈卅九年，信有師生同父子；刊習作二三冊，痛余文字答陶甄！

為紀念恩師，他捐出一百六十三萬元設立「勵耘助學獎學金」。「勵耘」二字取自陳垣書齋號「勵耘書室」。

▌善用環境最要緊

陳垣在北京教書時，他的三兒子陳約待在老家廣東照顧母親。陳垣只能透過書信來督促指導這個兒子。

陳垣是文章大家，兒子信中的問題他一目瞭然，批評起來也直截了當。」

在一封信中，陳約寫道：「兒千日也是父親的兒子，父親也千日是兒的父親。」

第二章　陳垣與弟子

陳垣回信批評：「此等話不必說，猶之說兄弟是男兒，說姊妹是女子，無甚意思，因不說亦一樣也。」如是批評了幾次，陳約寫信就捨棄了那些陳腐的套語，有話即長無話即短。

一次，陳約告訴父親，他想學「國學」，但不知從何學起？不知何者該讀何者不該讀？陳垣教導兒子：「無所謂國學。國學二字太籠統了，不如分為文學、史學、哲學、宗教等等。」

明確了目標，讀書就不會鬍子眉毛一把抓了，就能根據自己的興趣，集中精力打殲滅戰。把文學、史學、哲學當做一個個山頭，逐一攻占。

陳約一直待在老家，向父親抱怨，家中藏書不豐，讀書環境不佳。陳垣勸導，讀書要根據環境調整目標：「如果家藏書籍豐富的，則宜於博覽；如果家中書籍少的，則宜於專精。」陳垣對兒子說，既然無力購買大量的書，又沒有圖書館可以利用，那麼：「唯一方法是先專精一二種，以備將來之博覽。」

古人云：素其位而行。陳垣告訴兒子，這句話的意思，就是充分利用環境，「不能因未有書遂停止不學，等有多書乃學。」

陳垣多次對兒子強調，想成材，「適應環境」非常重要：

一個人最要緊係能夠善用自己環境，所謂素富貴行乎富貴，素貧賤行乎貧賤。不管在什麼境遇中，要盡行利用自己境遇，如遇陸則走馬，遇水則行舟，不必對於目前時時不滿也。

聽了父親的教導，陳約打消了不切實際，東奔西跑的念頭。老老實實待在家中，踏踏實實把家中僅有的幾部經典啃完，學問見識隨之大長。

陳約是個年輕人，有時發憤苦讀，有時難免懈怠，陳垣便在信中教誨兒子一定要有恆心：「學怕無恆。凡學一事，必要到家。或作或輟，永無成功之可言也。胸襟要廣闊，眼光要高，踏腳要穩。」

一九三一年，日本悍然挑釁中國，很多青年學生赴南京請願，要求政府抗日。陳約來信，謂國事蜩螗之際，無心讀書。陳垣回信批評了兒子：

此次來信說日本事，云讀書非其時。然則我輩舍讀書外，尚有何可做？風雨如晦，雞鳴不已，正是吾人向學要訣。近日此間學生紛紛往南京請願，此等舉動有同兒戲，借端曠課遊行，于國事何補寸分，可為痛哭者也。凡事初一二次尚不甚感覺，多則變了無聊。如所謂政府不答應則將全體餓死於國府之前，此何語耶？壯則壯矣，其如大言詿毗何？此日本人所旁觀而大為冷笑者也。人之大患在大言不切實，今全國風氣如此，又何望耶。

為了讓兒子接受自己的建議，陳垣以自己為例：

我本來就是一讀書之人，於國家無大用處。但各有各人的本分，人人能盡其本分，斯國可以不亡矣。難道真要人人當兵去打仗，方是愛國耶？我對國事亦極悲憤，但此等事，非一朝一夕之故，積之甚久，今始爆發。在歷史家觀來，應該如此，又何怨耶。我不能飲酒，到不高興時，報亦不願看，仍唯讀我書，讀到頭目昏花，則作為大醉躺臥而已。

年輕人有熱血當然是好的，但「無心讀書」對國家又有何利？胡適曾對學生說，想有益於社會，最好的法子是把自己這塊材料鑄成器。陳垣對兒子這番教導與胡適的話可謂異曲同工。

陳約學了一段時間的法律，預備當律師，但不久又生厭倦之心，說當律師與自己的性情不合，便向父親發牢騷，說想改行。

對此，陳垣提出批評：「合不合，習慣耳，余於醫亦然。今不業醫，然極得醫學之益，非隻身體少病而已。近二十年學問，皆用醫學方法也。有人謂我懂科學方法，其實我何嘗懂科學方法，不過用這些醫學方法參用乾嘉諸儒考證方法而已。」

知子莫若父。陳垣知道所謂「性情不合」，是兒子偷懶的藉口，於是對症下藥。

陳約利用業餘時間學習古文。對學古文，歷史大家陳垣當然有很多心得體會，指導兒子自然駕輕就熟：

《論》、《孟》、《莊》、司馬之文皆可背誦，《騷》、陶則純文學而已，歸有光等則瀏覽足矣。《韓非》、《商君書》不可不讀（論嚴謹，韓勝於莊）。

第二章　陳垣與弟子

其文深刻謹嚴，於汝學文有益。餘生平喜閱雍乾上諭，其文皆深刻入裡，法家、考證家均不可不閱也。

雖三言兩語卻高屋建瓴，兒子因此少走不少彎路。

年輕人一旦走入社會，當然免不了和人打交道，也會有自己的交際圈。兒子陳約有了職業後，陳垣提醒他交友要慎重：「交友要緊，不交友則孤陋寡聞。但要識人，誰為益友，誰為損友，別擇甚難。學問、道德、能力，三者最要。每交一友，必自審曰：此人學問能益我否？此人道德能益我否？此人能力能助我否？能則大善矣。反是則問此人能累我否？害我否？能則大害矣。此擇交不可不慎也。」

子曰：「無友不如己者」，說的就是這個道理。為讓兒子更好地理解交友重要性，陳垣的分析比孔夫子細多了。

陳垣是個老派的人，和人交往講究禮數，所以對兒子，他諄諄教導：不管對誰，千萬不能失禮。哪怕是寫一封普通的信，也要字斟句酌，小心翼翼，特別是「稱呼」，不能用錯。他在信中對兒子作了詳細的指點：「與汪希丈來信要注意。渠係讀書世家，父兄曾遊幕，說話尤須謹慎，切切。去信上款宜稱某某世丈或某某丈尊鑒，下題稱侄陳某。普通信不必稱愚侄或世愚侄，只稱侄便得。信內自稱亦可稱侄云云。稱自己父親為家大人或家君。對人稱四姑姐為『家四姑』，稱四姑則『梁四姑』以別之。對人稱九公為『家九叔祖』，稱三叔為『家叔』或『家三叔』。寫信體裁及稱呼至要緊。從前北關人最講究，對汪希丈尤須注意，免為人冷笑也。」

俗諺：於細微處見精神。可知，陳垣這番關於稱呼的「長篇大論」不是小題大作，而是見微知著。

陳約信中寫道：「連日報章頻載平津為危，此處祖母以次各人均甚不安。大人等何不即離此地，以慰眾人。臨書不勝憂懼，望以祖母故即為避地，實所至願。」

陳約在信中把「祖母」與「故」連在一起，陳垣看了大為不快，立即寫信批評：「故者舊也，所以也，死也。此字家信要小心用，斷不能用在人名

之下。好在老人不忌,若拆開信時忽然見此字,令人心打一驚。你亦太不仔細了。『故』字凡家信及電報均不可用。用容易嚇著人。此是大毛病,不可不注意,你此次又受了大教訓也。」

兒子漫不經心將「祖母」與「故」連在一起,陳垣膽顫心驚以為「祖母」已「故」。凝神細讀,方知虛驚一場,但人已嚇得半死。所以,他告誡兒子,小處不可隨便。

陳垣和兒子遠隔千里,但他卻能根據兒子的信看出兒子內心是否浮躁。有一次,陳約信中說自己「願學古人之為人」,因為「古人之為人,有文可紀」,於是,「兒誦讀古文」。

陳垣對兒子的信誓旦旦不以為然,因為他從兒子信函中覺察出陳約的浮躁,便寫信指出:「浮躁之人不能讀書。何謂浮躁?如三日來信至十七日再來信,乃云前奉一函,前者何日也?此所謂浮躁不經心也。又收到莫氏藏書序,只云收到,不言幾本,浮躁不精細,令人不能看重也。」

遠隔萬里,卻「看」出兒子的浮躁,可見陳垣的目光有多麼銳利。好的老師就該有一雙銳利的眼:看不到對方的缺點,又如何為對方修正?

當陳約有機會走上講台後,陳垣一方面為兒子感到高興,一方面也擔心兒子不能勝任教職,就在信中不厭其詳地傳授了「講授法」:

國文所要者,係教授法,如何得學生明白有興趣,能執筆達心所欲言,用虛字不誤,不論白話文言。白話必要乾淨流利,閒字少,「的」字、「呢」、「嗎」等字愈少愈好。文言至要句法,講文時必要注意造句及用字,改文必要順作者意思,為之改正其錯用之虛字及不達之意,與乎所寫錯之字。非萬不得已時,不可改其意思。

……至於講文,最要緊注意學生聽懂否。如有一、二人不在心,是學生之過。若見全班都不在心,則必定教者講得不明白或無興趣,即須反省,改良教法,務使全班學生翕然為妙。至於批文章,尤要小心;說話宜少,萬不可苟且。學生家長自有通人,教習批改不通,易貽人笑柄,必須慎之又慎,不可輕心相掉也。

第二章　陳垣與弟子

……上堂要淡定，改文不可苟且，但不必多改，最要改其錯用及錯寫之字，批改宜少而不苟。

為了讓兒子能站穩講台，陳垣不厭其詳，面面俱到。其苦口婆心，一如孩子首次出門時家長的千叮嚀萬囑咐。

作為教師，如何避免出錯，如何提高自己，如何和學生相處。這些方面，陳垣也把自己的經驗全部教給兒子：

《字學舉隅》常看，《康熙字典》常檢，至緊至緊。

《孟子》、《論語》宜熟讀，文氣自暢；曾讀過之古文，亦宜常溫。此古文也。至於今文，吾極欲汝看一家好論說之報紙。天津有《大公報》，其社論極有法度。……

對學生宜和藹親切，多獎勵，令其有興趣。

佳句宜注意。能背誦固佳，不能，亦須能記其佳句。

只有幾句話，但句句是看家本領。所謂「家學」，就是這樣。

陳垣身兼數職，要授課、要著書，還是校長，須處理很多行政事務。他要兒子不必蹈自己的覆轍，而是一門心思教學讀書，最好能將生活和學問打成一片：「近來最感覺生活與學問不能打成一片。但爾現時境地，倒可以做到此節。因所教者係中學國文，而自己國文卻仍然要用功。教學相長，即是生活與學問打成一片。」

陳垣認為，當教師，要苦讀文言文，但也要重視白話文。他建議兒子多讀胡適，爭取「白話與文言並治」：

單教國文，鐘點恐不能多，必要伸張到教中學歷史。如果急起直追，補回此兩年功課，當先從文與史下手。一、可保持現時鐘點，二、可希望下年新鐘點也。粵中中學未識需用白話文否？如不需用，可暫緩；如需用，則要白話與文言並治。白話最要緊是簡淨、謹嚴，閒字閒句少，時人白話當先閱胡適論著。有《胡適文存》等書否？即復。文言目前最要是學改文，因為教書，即要改文，如何改法，非下一番功夫不可。此事要有師承，師承不易得，

最好將《後漢書》與《三國志》同有之傳，如董卓、袁紹、袁術、劉表、呂布、張邈、張魯、臧洪、公孫瓚、陶謙、荀彧、劉焉、劉璋、華佗等十四傳，以《三國》為底，與《後漢》對照，看《後漢》如何改作，即可悟作文及改文之法，於自己及教人均大有裨益。

為了改好作文，陳垣讓兒子將《後漢書》與《三國志》比照著讀。要求不可謂不嚴。

陳約在教學上取得了一些成績，給父親寫信時難免有些飄飄然，談到「讀書」，儼然一副方家口吻。陳垣擔心兒子驕傲，就給兒子潑了一點冷水：

「真讀書則讀書矣，不必將『讀書』二字日日掛在口頭也。猶如今人好言科學方法，而所做出東西，並不合科學方法。又有人口不談『科學方法』四字，而所作皆合科學方法。此二人誰對也？」

對兒子，陳垣或鼓勵或批評。何時批評何時鼓勵，這個時機陳垣把握得很好。另外，他批評和鼓勵的「度」把握得也很有分寸。

陳約忙於教學，沒有時間寫文、著書，便以大器晚成的嚴先生自慰，說：「嚴先生亦四十一歲始研究《通鑑》，則來日方長。」

陳垣批評兒子，不可如此自我安慰：「此語又錯了。人家引此鼓勵你則可，你自己以此為安慰則謬矣。同是一句話，要問是何人說，即此謂也。」

寬慰別人，是禮貌，是善舉；寬慰自己，是懈怠，是逃避。

啃了一陣古書，陳約滋生了畏難情緒，就向父親表示，想選擇比較容易的書，去讀，去研究。

陳垣點出兒子避難就易的想法，認為這樣做不妥：

「擇其少者作一種練習則可。若圖易，則天下無易事，易必不能長久。松柏一年不長一尺，蒲柳一夜可長數寸，然則其壽命之長短亦如之。為學何獨不然。」

比喻恰當，批評的效果就好。

陳樂素是陳垣的長子。陳垣在書信中對長子的教誨也值得我們品味。

一次，陳樂素在信中告訴父親，家鄉的四姑損失了一些財產。陳垣在回信中說，破財是好消息：「四姑財產稍有損失，是好消息，不是惡消息。我輩處今日，應該有些缺憾，不然，會招天妒也。天下哪有完全滿意之事，稍有損失，是等於種痘，發些熱，可以免疫也，請四姑放開心懷為幸。」

陳垣其實是提醒兒子，對一個問題，換個角度，結論會完全不一樣。陳垣的提醒雖是就事論事，但兒子想必會舉一反三。

在同一封信中，陳垣教導兒子，做學問要有堅忍之心：

謀館事誠不易，然要有恆心及堅忍心……二十年來余立意每年至少為文一篇，若能著比較有份量之書，則一書作兩年或三年成績，二十年未嘗間斷也。

對陳約，陳垣也強調過「恆」。可知做學問，「恆」乃不二法門。

兒子陳樂素也是教師。陳垣給他的信中也多次談到如何當老師：

教書可以教學相長，教國文尤其可以藉此練習國文（於己有益，必有進步）。教經書字音要緊，最低限度，要照《康熙字典》為主，不可忽略。吾見教書因讀錯字鬧笑語而失館者多矣，尤其在今之世，幸注意也。

初教書，先要站得穩，無問題，乃安心。認真（即盡心之謂）多獎勵，要學生有精神，生趣味為要。凡說學生懶學生鬧者，必教者不得法之過也。

今想起一事，久欲告汝，凡與學生改文，應加圈，將其佳句圈以旁圈，俾其高興。改不必多，圈不妨多，平常句亦須用單圈圈之。因見有改文只改而不圈者，殊不合，故告汝。

大約教書以誠懇為主，無論寬嚴，總要用心，使學生得益。見學生有作弊或不及格等等，總要用哀矜而勿喜態度，不可過於苛刻，又不必亂打八九十分討學生歡喜，總不外誠懇二字為要。對同事尤須注意，得人一句好話，與得一句壞話，甚有關係。

陳垣當了一輩子的老師，告訴兒子的這幾番話，濃縮了他一輩子的教學經驗。

陳樂素是大學老師，除了教學還得寫論文。陳垣學問深著述多，指導兒子寫論文，自然是小菜一碟。他告訴兒子，寫論文要分三步走：

論文之難，在最好因人所已知，告其所未知。若人人皆知，則無須再說，若人人不知，則又太偏僻太專門，人看之無味也。前者之失在顯，後者之失在隱，必須隱而顯或顯而隱乃成佳作。又凡論文必須有新發現，或新解釋，方於人有用。第一蒐集資料，第二考證及整理資料，第三則聯綴成文。第一步工夫，須有長時間，第二步亦須有十分三時間，第三步則十分二時間可矣。草草成文，無佳文之可言也。文成必須有不客氣之諍友指摘之，惜胡、陳、倫諸先生均離平，吾文遂無可請教之人矣。非無人也，無不客氣之人也。

寫論文不僅要自己用功，還仰仗諍友的「指摘」。陳垣指導兒子，真是傾其所有，敞開心扉。其關愛之情、期望之殷，蘊含在這語重心長中。

陳樂素因文章不好而苦惱、消沉。陳垣去信鼓勵，還以自己為例，說自己八股文寫得好，完全是某老師「一激」的結果：

余少不喜八股，而好泛覽。長老許之者誇為能讀大書，其非之者則訶為好讀雜書，余不顧也。幸先君子不加督責，且購書無吝，故能縱其所欲。丁酉赴北闈，首場冉求之藝，文之以禮樂，題本偏全，放筆直書，以為必售。出闈以示同縣伍叔葆先生，先生笑頷之。榜發下第。出京時重陽已過，朔風凜冽，叔葆先生遠送至京榆路起點之馬家鋪。臨別珍重語之曰：「文不就範，十科不能售也。」雖感其厚意，然頗以為恥。既歸，盡購丁酉以前十科鄉、會墨讀之，取其學有根柢，與己性相近者，以一圈為識，得文數百篇。複選之，以兩圈為識，去其半。又選之，以三圈為識，得文百篇，以為模範，揣摩其法度格調，間日試作，佐以平日之書卷議論，年餘而技粗成，以之小試，無不利矣。庚子、辛丑科歲兩考皆冠其曹，即其效也。然非叔葆先生之一激，未必肯為此。

榜樣的力量是無窮的。陳垣的「現身說法」想必讓兒子懊惱頓消,豪氣頓生。

陳約一直待在廣東,有時在信中抱怨不能去北京在父親身邊讀書。陳垣寫信安慰,說:「遠有遠的好處,他們在平的,一年不能得我一字也。」「彼(指四子容之)喜歡物理工程一路,不甚好文科也。我與你講話時候,比與他講話時候多得多。你每一星期一函,他每星期不一定回家,回家未必細談,能如通信也。故汝受教訓時比他多,所謂數見不鮮也。細察自覺。」

確實如此。由於種種原因,陳垣和兒子陳約相隔萬里,聚少離多,但他卻透過一封封書信,向兒子灌輸讀書做人的道理。他給兒子的信內容廣泛而具體,有批評有表揚;指點不厭其詳,督促飽含熱望。可謂用心良苦,「信」細如髮。在其教導、督促下,兒子所處環境雖不佳,終經歷坎坷,自學成材。

第三章　吳宓與弟子

吳宓弟子趙瑞蕻寫過一篇《懷念吳宓師》的小詩：

吳宓先生走路直挺挺的，

拿根手杖，捧幾本書，

穿過聯大校園，神態自若；

一如他講浪漫詩，柏拉圖，

講海倫故事；寫他的舊體詩。

「文革」中老師吃了那麼多苦，

卻還是那樣耿直天真——

啊！這位中西比較文學的先驅！

短短幾句詩，畫出老師的神態，那麼逼真，那麼親切！

現代教育家吳宓出生在陝西涇陽一個富裕之家。十七歲那年，吳宓幸運地考取清華留美預備學校，不久，便公費留學美國維吉尼亞大學和哈佛大學。

以文化為職志，是吳宓在美國留學期間給自己一生確定的方向。無論是讀書還是做人，吳宓身上都顯露出那種在黃土地裡生長出來的倔強性格和吃苦耐勞精神。回國之前，他給自己定了一個計畫：以後有了工資收入，每月必先拿五十元捐給同人作辦報刊的經費，再以五十元買書，按日計時，自行研讀。其餘奉親養家，一切無益學業品德的交遊享樂，一概棄絕。「寧使人譏宓為怪癖，為寡情，而絕不隨俗沉浮。」此後的吳宓基本上是按照這一要求來做的。

在擔任清華國學研究院院長時，吳宓為文化做出的努力有目共睹。國學研究院成立之初，為聘請陳寅恪，吳宓費盡口舌不說，還自掏腰包，給陳寅恪加薪水。陳寅恪出身世家，生活待遇要求頗高，用他自己的話來說就是：「生

性非得安眠飽食不能作文，非是既富且樂不能作詩。」而清華又不願給陳寅恪太高的薪水，吳宓只好自己破費。

吳宓是一位學者，也是一位教師，是一位教齡四十、弟子三千的成功教授。從「五四」後的東南大學，到「文革」前的西南師院，在難以計數的講堂上，吳宓口講指畫，教書育人。吳宓上課認真到什麼程度，對此，北大教授溫源寧說得十分形象，他說吳宓「上課像划船的艄公那樣賣勁」。

就連錢穆也佩服吳宓備課認真，誇他「誠有卓絕處」：

雨僧則為預備明日上課抄筆記寫綱要，逐條書之，又有合併，有增加，寫定則於逐條下加以紅筆勾勒。雨僧在清華教書至少已逾十年，在此流寓中上課，其嚴謹不苟有如此……翌晨，雨僧先起，一人獨自出門，在室外晨曦微露中，出其昨夜撰寫各條，反覆循誦，俟諸人盡起，始重返室中。余與雨僧相交有年，亦時聞他人道其平日之言行，然至是乃深識其人，誠有卓絕處。

賀麟、錢鍾書、李賦寧、穆旦，這些大名鼎鼎的學者均出自吳宓的門下。作為學者，吳宓著述不多，但他在教書育人方面的卓越貢獻完全彌補了這一不足。

▎學好古典文學四要點

立足講台，吳宓認真地、賣力地劃過了動盪不已的時代，也劃過了他學而不厭、誨人不倦的一生。

每逢上課，吳宓早晨七點半準時到教堂，在黑板上寫參考書，一寫就是一黑板，詳細列舉書名、著者、出版社、出版年代等。寫的過程中，他時不時習慣性看看手心。學生趙世開懷疑他手心裡藏著小卡片。有一天，趙走到吳宓的背後偷看，發現他的手心裡什麼都沒有。吳宓是憑著記憶寫了一黑板又一黑板！

上過這樣課的學生，誰會不記得這位敬業的老師！

有人說，當一個好教師，必須具備三個條件：首先，對講授的內容熟讀成誦；其次，對教授的內容興趣盎然；最後，對學生關懷備至。無疑，吳宓三者都具備。

熟悉講課內容不必說了，無論是品味《紅樓夢》還是分析《莎士比亞》，吳宓都能大段大段背誦原文；另外，對中國文化和西方文化，吳宓均有濃厚的興趣。他曾抄錄了阿諾德的話和弟子共勉，大意是：「對完美的追求就是對甜蜜和光明的追求。」、「文化所能望見的比機械深遠得多，文化憎惡仇恨；文化具有一種偉大的熱情！——使甜蜜和光明在世上盛行。」、「我們必須為甜蜜和光明而工作。」吳宓喜歡說：「我本東方阿諾德」，表明他和阿諾德志趣相投。他還翻譯了法國詩人解尼埃（André Chénier）《創造》詩中的詩句，以明其融合中西、傳承文化之志：

採擷遠古之花兮，以釀造吾人之蜜；

為描畫吾儕之感想兮，借古人之色澤；

就古人之詩火兮，吾儕之烈炬可以引燃；

用新來之俊思兮，成古體之佳篇。

吳宓熱愛教育，愛生如子。早在上世紀三十年代，他的一個學生有機會赴英國留學，但家庭遭遇意外，費用不足，吳宓慷慨解囊三百元，助其留學。平時他也經常接濟家庭困難的學生，有時還帶學生下館子，讓他們補充一下營養。

吳宓關心愛護學生，但不擺師道尊嚴的架子。偶或，弟子無意中出言不遜，他也不計較。比如錢鍾書在一篇文章，拿老師的戀愛開玩笑，吳宓看到了心情黯然，但他還是原諒了弟子的一時莽撞，依舊在詩中對錢鍾書做了極高的評價：「才情學識誰兼具？新舊中西子竟通。大器能成由早慧，人謀有補賴天工。源深顧（亭林）趙（甌北）傳家業，氣盛蘇（東坡）黃（山谷）振國風。悲劇終場吾事了，交期兩世許心同。」

作為老師，吳宓無論是上課還是課後批改作業，都非常認真細緻。一次他檢查某學生作業，發現該生把《伊利亞特》拼寫成「Illiad」，多寫了一個l，

第三章　吳宓與弟子

就為該生改為「Iliad」，還有一次，該生把尼采拼寫成「Nietsche」，少寫了一個字母 z，吳宓又為他做了修正：Nietzsche。

有一次上課，吳宓提醒學生，英國小說家 Thackeray 不是 Thackery，他說，你們總是把結尾的 eray 寫成 ery。談到林語堂的小說《風聲鶴唳》，吳宓大搖其頭說，我們都知道「風聲鶴唳，草木皆兵」這句話，鶴會流淚嗎？

有這樣嚴格細心的老師，學生們無論是做作業還是聽課都不敢掉以輕心了。

吳宓認真嚴肅一絲不苟，但他並不嚴厲，相反，他上課時總充滿人情味，且不時幽上一默，以活躍課堂氣氛。

一次上課，他用英文這樣介紹自己：「My Chinese name is Wu Mi; my English name is Mi Wu.」一句話逗樂了大家。還有一次，他開場白是這樣：「我姓吳名宓（在黑板上寫上這兩個字），我字『雨僧』，這個『宓』下邊沒有『山』字，不是祕密的『密』，『宓』的意思是安靜，三國時有個人就是這個『宓』字。陝西涇陽人。今後我每天下午都在古典文學專業閱覽室，同學們都可以去那裡找我。除書上的疑難，凡古書上不懂的都可以來問我。」一番友好的話語立即拉近了和學生們的距離。

在西南聯大，吳宓講授「中西詩比較」。一次，吳宓正上課，一條狗大搖大擺走了進來，安靜地蹲在某個角落，彷彿在聽課，吳宓沒把狗轟出教室，而是走上前去，和氣而認真地說：「目前我還不能讓頑石點頭，你來了也沒用，還是離開這裡吧。」吳宓的一本正經逗得學生們哈哈大笑，課堂的氣氛也就輕鬆活躍起來。

吳宓熱愛文學，他上課時顯露的充沛激情給學生留下難忘印象。聯大學生劉緒貽聽過吳宓的「歐洲文學史」，他回憶說：「講但丁《神曲》時，用手勢比畫著天堂與地獄，時而拊掌仰首望天，時而低頭蹲下。當講到但丁對貝雅特麗琪那段戀情時，竟情不自禁大呼 Beatrice！」

吳宓授課喜歡聯繫實際，「現身說法」。一次，講到某位詩人身世坎坷，吳宓提及他昨夜失眠，把自己的一生寫成了一首五言古詩，題為「五十自

述」。說著，便抑揚頓挫地朗誦起來。對其中「破家難成愛」還作了一番分析，說「破家」就是離婚，「難成愛」是戀愛失敗。吳宓毫不掩飾毫不扭捏講述自己的情感生活，使得這堂課充滿了人情味。

一次上課，內容涉及女孩子，吳宓發了通感慨：「有人重男輕女，女孩子有什麼不好？林語堂是三個女兒，陳寅恪是三個女兒，我也是三個女兒。」言語之中，頗為自豪。《紅樓夢》中賈寶玉說：「天地間靈淑之氣，只鍾於女子，男人們不過是渣滓濁沫而已。」吳宓酷愛《紅樓夢》，他的女性觀也與賈寶玉相同。

很多學生問吳宓怎麼才能學好古典文學，吳宓的回答是八個字：「多讀、多記、多背、多用。」還進一步解釋說：「好些同學說文言虛詞難以理解，其實不難，你自己經常用就解決了。你把生活中遇到的事改用文言來表述就行了。比如吃飯，就可以說三兩尚不足，何況二兩乎？這不就用了幾個虛詞。」

當時糧食緊張，定量供應。吳宓不過是以調侃的方法活躍一下課堂氣氛。其實吳宓本人一向節儉，絕不會因為生活窮困發牢騷的。有位學生考慮到老師營養不良，在親友那裡蒐羅了一些油票、糧票，買了一些臘肉和甜食送給老師，沒想到吳宓很生氣，立即拿出一封信說：「我正在給廣州的朋友寫信，不許再給宓送食品。宓是什麼人？宓需要精神上的朋友，交談學術上的事情，你怎麼把我看成一個貪吃的人？」學生解釋了半天，吳宓才收下，並命該生再不能這樣。其實，吳宓後來也沒有享用弟子送來的禮物，全分送給了別人。

▎事無大小不苟且

父親在吳宓幼年時曾集古人的句子教育吳宓：「好學近乎智，力行近乎仁，知恥近乎勇。富貴不能淫，貧賤不能移，威武不能屈。」吳宓後來也是按照這樣的教導來做人處世的。

吳宓古貌古心，坦誠實在。他的認真敬業一絲不苟給學生樹立了很好的榜樣，也給他們留下深刻的印象。

第三章　吳宓與弟子

　　宓解放後的生活、工作態度，一貫是真誠坦白，熱心積極，生活仍舊勤儉，努力工作，對工作及一切事均負責。勞動積極參加；遊行等事，自動參加；政治學習，一貫早到，不缺席，必定先讀了指定的文件，且勇於做出我明知不免錯誤之發言。凡此皆由宓一貫性格及習慣。從前如此，今仍如此，不敢說是「進步」，但絕不是「偽裝進步」，因宓少年、壯年亦從無虛偽做作，勾心鬥角，設計圖謀，以及計較名、利，忌嫉又貪慾之習慣也。

　　吳宓做事原則性強，立場堅定，愛憎分明，不敷衍、不妥協、不屈服。在「批林批孔」運動中，他公開說：「批林，我沒意見，因為我不了解；但批孔，絕不可以！」在一次召開的「批林批孔」大會中，一位學員不懷好意向吳宓發問：「吳宓，你對『克己復禮』有什麼看法？」周圍立即聚了一群人看熱鬧，吳宓朗聲回答：「『克己復禮』是很高的道德標準！林彪是反革命，他永遠做不到！」周圍群眾立即斥責吳宓「反動！」、「頑固！」但吳宓不為所動。

　　吳宓大事有原則，小事也不含糊。改正錯字時，總把整個錯字塗成長方形，方方正正，嚴嚴實實，然後把改正後的字寫在旁邊，使人看了清楚。就連平常寫信，信封上的字也是端端正正，他說：「一個有道德的人應該隨時隨地想到如何給別人以便利，而不給別人添麻煩。把郵票貼到蓋郵戳最順手的上角，不是遠比貼在背後教人翻轉尋找為好嗎？門牌號碼中一個潦草數字就可能使投遞人來回跑很長的路。」

　　吳宓曾不慎丟了鑰匙，就寫了一則啟事，說：「宓不慎遺失鑰匙一串，有拾得者請交中文系辦公室或文化村一舍一〇五號。」鋼筆直書，工楷繁體。文字後面還用鋼筆畫了一串鑰匙，清楚逼真。看到這則啟事的人，始則忍俊不禁，繼而肅然起敬。

　　吳宓不抽菸，他的辦公室和住處都寫著「No Smoking」。但他喜歡撿拾空菸盒，他說這些菸盒可以廢物利用，用來寫字。他的大量日記就寫在這些拆開了的菸盒上。吳宓是二級教授，薪水頗高，他利用這些空菸盒，完全是出於節儉的習慣。

一次，吳宓在課堂上給學生分析《傲慢與偏見》、《名利場》（Vanity Fair），課後，他對學生江家駿說：「我有一本授課用的《名利場》，上面有我的批注，現在這本書在北京的家中。待書運來，就把它送給你。」但後來很長時間，江家駿也沒等到這本贈書。一年後，江畢業到某高中教俄語。一天，他收到吳宓寄來的《名利場》，是一本新書，上面沒有批注。書裡夾著一張紙條，上面是工整的幾行字：

宓藏有 Oxford 本 Vanity Fair 一冊，附 Thackeray 自繪插圖，該冊並有宓之批注，為昔年授課用者，曾約定以該冊奉贈江家駿學弟。乃今春北京藏書運到，竟缺此冊，蓋為友生取有之矣。只得以另一本奉贈，尚可讀。

比起課堂上的「言傳」，吳宓這樣的「身教」更有感染力。

捍衛真理，寧折不彎；追求理想，矢志不渝；大事講原則，小事不苟且。這些方面，吳宓為弟子樹立了很好的榜樣。

吳宓喜歡自比為《紅樓夢》中的紫鵑。紫鵑對林黛玉可謂忠心耿耿，林黛玉是紫鵑心目中至高無上的「幻象」，而吳宓也對自己的理想忠心耿耿，深情款款。他的理想就是：教書育人，傳承文化。

「唯大英雄能本色，是真名士自風流」，從矢志不渝追求自己的理想來看，吳宓也算大英雄，亦是真名士。早在一九三四年，有人就對吳宓做出這樣的評價：

假使二十世紀還有一位 Thomas Carlyle 來寫《英雄與英雄崇拜》的話，無疑地，吳先生很有被列入的資格。我們對這一位學者的敬仰，如若為他的思想與學問，毋寧說為他做人的態度。……吳先生學術上、思想上以及做人的一切主張，我們可以從民十一發刊而至今尚繼續出版的《學衡》雜誌上窺出一斑。吳先生所耗於這雜誌上的精力是難以計量的，這裡面的「聲光與意義」深深地襯托出一位學者為自己的理想而奮鬥的印跡。《學衡》明顯的標識是對中國固有文化的擁護及對新文學的抗爭，其為一般人所非難，自也意中事。但我們在這裡所得的教訓不是事實本身的是非，而是吳先生的那種始終不屈的精神。

第三章　吳宓與弟子

名震中外的學者錢鍾書，臨終前為《吳宓日記》趕寫了一篇序言，在這篇序言裡，一生不輕易感動的錢鍾書對老師吳宓有淚如傾，並將自己的平生學業歸入「先師吳宓」門下。吳宓打動錢鍾書的正是靠做人的認真、道德的力量以及追求理想的精神。

▌讀書如戀愛

「文革」期間教育受到衝擊。當時運動頻仍，人心浮動。很多學生既無心境亦無時間來讀書學習，但吳宓仍然勸學生利用片段時間來學習。江家駿是吳宓好友吳芳吉的老鄉，且喜讀吳芳吉的詩，吳宓對他頗有好感，有時會請他吃小館，同時加以教誨，指定讀物，安排作業。吳宓對他說，沒有整塊的時間也可學習，要抓住一切時間，能學半點鐘就學半點鐘，能學十分鐘，就學十分鐘。他還叮囑江家駿做事要專心：「做某事時，專門打開某個抽屜，晚上就寢時，就把抽屜關上，不去想它了。」

對另一個學生，他也以「抽屜」為例，要對方專心學習，說：「治學和學外語都要專心致志，鍥而不捨。要像對待自己的情人一樣，天天接觸。學習時，大腦要像抽屜一樣，驅除邪念，把知識系統地儲存在抽屜裡。休息時要把抽屜全部關上，充分休息。」

西南師範學院中文系學生周錫光，因為勤奮好學頗得吳宓好感。一九六二年，周錫光因病休學，吳宓給他寫一封很長的信，叮囑他安心養病，鼓勵他堅持學習。一年後，周錫光病癒返校，想回原班讀書。吳宓卻勸他留一級，說：「人生最大的幸福是讀書，你們現在學習專業的時間太少了。你多讀些書將來對國家不是更好嗎？宓勸你復學後讀下面年級，不要重虛名只想早出去工作。」

周錫光聽從吳宓的勸，留了一級，多學了一年。

一九六三年一月，周錫光生日那天，吳宓送給他一段話，對他的做人與學習作了詳細的指導與勉勵：

宓今七十，錫光年二十歲。願錫光時時讀此頁，到錫光七十歲時，仍讀不已。

1. 永不吸紙菸，酒亦不經常吃，多走路，多勞動，以長保我健康之身體與美好之容顏。

2. 養成勤敏之習慣；任何大小事，皆必「心到、眼到、手到」，（有時還需口到）。

3.「儉以養廉」；量入為出；非萬不得已，不向人借錢（分別「贈」與「借」，借來之錢必須速還——借書亦同）。

4. 固須博覽、多看雜書。但無論何書，皆必須

（1）一直連續到最後一頁、一行，一書未讀完，不換第二書；

（2）積錢買一部舊版《辭海》，讀書有一字之音義不明，必須立刻查出；

（3）查出之後，有某句的意思仍不全了解，必須請老師或朋友指教，直到滿意為止。

5. 存心忠厚、秉性正直。甘願吃虧，絕不損害別人絲毫。言而有信，處處積極負責。

6. 忠心地服從黨，服從政府、學校、各級組織和領導。事事恪守規則。不為危言、激論。言行穩健、步步合法、合理、合情，則常樂而無憂。

紙盡，姑正。

吳宓　一九六三年一月十七日晚

吳宓這番慰勉彌足珍貴。對此，周錫光銘記心間，並落實在行動中。

「文革」期間，很多教授被掃地出門，吳宓也不例外。周錫光那時已畢業，想進一步深造，環境不允許，於是，只得繼續「偷偷摸摸」地向老師吳宓請教問學。吳宓也知道，在那個年代，按正規渠道去深造已不可能，他便建議周錫光埋頭自學，說：「中文系畢業的學生不能書讀得太少，一個合格

第三章　吳宓與弟子

的中國古典文學專業的學生,我認為應該讀完以下書,你把這些書名記下來,今後參照著把它們讀完。」以下是吳宓開列的書單:

一、《四書五經》(三冊、銅版印本);

二、《史記》、《漢書》、《資治通鑑》、《續通鑑》;

三、謝無量《中國大文學史》、曾毅《中國文學史》;

四、《杜詩鏡詮》、《昭明文選》、《十八家詩鈔》、《吳宓詩集》、《白屋吳生詩稿》(兩冊);

五、張皋文《詞選》、梁令嫻抄《藝蘅館詞選》;

六、萬紅友《詞律》;

七、曲:《西廂記》、《牡丹亭》、《琵琶記》、《長生殿》、《桃花扇》;

八、小說:

(一)《三國演義》、《西遊記》、《水滸傳》、《石頭記》(甄評補圖)、《石頭記》、《金瓶梅》、《儒林外史》、《鏡花緣》、《兒女英雄傳》、《七俠五義》、俞仲華《蕩寇志》《花月痕》;

(二)《孽海花》、《二十年目睹之怪現狀》、《官場現形記》;

(三)筆記、小說《聊齋誌異》、《浮生六記》;

九、《紅樓夢》研究:周汝昌《〈紅樓夢〉新證》、俞平伯《〈紅樓夢〉研究》、吳宓《〈石頭記〉評贊》(《旅行家雜誌》一九四二年第十一期);

十、吳芳吉及其作品:吳芳吉《白屋吳生詩稿》(上、下卷)、周光午編《吳白屋先生遺書》(六冊、木刻本)、周光午、任中敏編《白屋嘉言》;

十一、外國文學:《莎士比亞全集》(朱生豪譯);

十二、其他:

(一)《趙甌北詩話》、《隨園詩話》;

（二）雜誌：梁啟超主編的《新民叢報》（一九〇二至一九〇四）、《國粹學報》（一九〇五至一九〇七）、梁啟超編《新小說日報》（一九〇三至一九〇四）、《民報》（一九〇六至一九〇八）、《繡像小說》（月刊，一九〇八至一九一〇）、《月月小說》。

這份長長的書單，寄寓著吳宓對弟子的殷殷期待，也飽含其對弟子拳拳愛心。

正是有了吳宓這樣的「書呆子」，中華文脈雖歷經磨難終延續至今。

吳宓晚年雙目失明，被妹妹接回陝西老家。病榻上的吳宓常用瘖啞而蒼老的嗓音低低喊道：「我是吳宓教授，給我水喝！……我是吳宓教授，給我飯吃！……我是吳宓教授，給我開燈！」

在人生的最後階段，吳宓唸唸不忘的是他的教師身分、育人生涯。

第四章　劉文典與弟子

第四章　劉文典與弟子

　　劉文典，字叔雅，安徽人，幼年就讀於教會學校，受到過良好的外語訓練。一九〇九年，他留學日本，是早稻田大學的高材生。在日本，他結識了章太炎，跟隨章太炎積極參加反清活動，成為章門弟子。一九一二年，劉文典回國在上海創辦《民立報》，發表大量文章，宣傳民主，提倡共和，痛斥袁世凱。一九一三年，袁世凱派人刺殺宋教仁，劉文典也同時遇刺，手臂受傷，隨後，他再次流亡日本。一九一七年，他回國在北大任教，並擔任《新青年》英文編輯和翻譯。

　　作為學者，劉文典勤奮刻苦，治學嚴謹，其學問之深厚，著述之精嚴，在學界有口皆碑。他的第一部專著《淮南鴻烈集解》於一九二三年由商務印書館出版後，獲得學界名流的極高評價。大名鼎鼎的胡適破例用文言為該書作序，云：「叔雅治此書，最精嚴有法……其功力之艱苦如此，宜其成就獨多也。」他的另一部書《莊子補正》出版後，學界泰陳寅恪為之作序，曰：「先生之作，可謂天下之至慎矣。其著書之例，雖能確證其有所脫，然無書本可依者，則不之補，雖能確證其有所誤，然不詳其所以致誤之由者，亦不之正。此書之刊布，蓋將一匡當世之學風，而示人以準則，豈僅供治《莊子》者之所必讀而已哉！」

　　有兩位大家的推崇，劉文典在學界自然會名震一時。陳寅恪稱讚劉文典著述為「天下之至慎」，並非過譽。因為在治學方面，劉文典對自己的要求十分嚴格，他的治學格言是「一字之微，征及萬卷」，他校勘古籍不僅字字講究來歷，連校對也一絲不苟，從不讓他人幫忙，他在給胡適的信裡表露了他在校對時的嚴謹和慎重：「弟目睹劉績、莊逵吉輩被王念孫父子罵得太苦，心裡十分恐懼，生怕脫去一字，後人說我是妄刪；多出一字，後人說我是妄增；錯了一字，後人說我是妄改，不說手民弄錯而說我之不學，所以非自校不能放心，將來身後虛名，全繫於今日之校對也。」著述時能如此戰戰兢兢，如履薄冰，其下筆自然是慎之又慎了，而他為此付出的辛苦也就可想而知了。

第四章　劉文典與弟子

劉文典上課從不用講稿。一次，有位學生大膽地問劉文典：「老師，您上課怎麼不用教案？」劉文典笑了，他指指腦袋，說：「全在這裡。」課堂上，劉文典旁徵博引，口若懸河、妙語連珠、引人入勝。他的一個學生，曾這樣回憶老師的授課風采：「先生雖體弱氣虛，當登上講台後，一進入課題即飽含深情，神采奕奕，正本清源，言而有據，闡幽發微，旁徵博引。有時淺吟低唱，有時慷慨悲歌。忽如神龍遨遊天宇，忽如黃河之水天上來，異彩紛呈，令人應接不暇。我們這群學子，由於根基淺薄，只好屏氣凝神，洗耳恭聽。」

他的另一位弟子傅來蘇則告訴我們，劉文典每堂課都能抵達「忘我的境界」：

開宗明義，講清課題後，即不再翻閱書本，也沒有講稿或教案之類，即興抒發，或作文字的訓詁，或作意境的描繪。有時作哲理上的探討，有時作情感上的抒發，引經據典，汪洋恣肆，忽如大江之決堤，忽如神龍見首不見尾。口渴了，端起小茶壺呷上兩口潤潤嗓子，講累了，點燃一支菸猛吸幾口，靠在椅背上閉目養神。興濃時，會擊節而歌，無所顧忌。興之所至，說文論詩，出口成章，左右逢源，揮灑自如，又是幾乎到了忘我的境界。

劉文典學問精深，令人嘆服；講課精彩，令人欽佩；而他熱愛中國寧死不降的氣節更為人稱道！北平淪陷後，劉文典不顧身體虛弱，冒死南下，一路上跋山涉水，風餐露宿，九死一生，終於由北平輾轉河內抵達昆明。他在給西南聯大校長梅貽琦的信中說：「典浮海南奔，實抱有犧牲性命之決心，辛苦危險，皆非所計。」

▌保護學生不惜命

一九二七年九月，劉文典出任安徽大學文學院院長兼預科籌備主任，實際上履行校長職責。當時，蔣介石是國民政府的首腦，氣焰囂張，不可一世，但劉文典根本不買他的帳，從不請蔣去安徽大學訓話，並當眾放出這樣的話：「我劉叔雅非販夫走卒，即是高官也不應對我呼之而來，揮之而去。我師承章太炎、劉師培、陳獨秀，早年參加同盟會，曾任孫中山祕書，聲討過袁世凱，革命有功。蔣介石一介武夫耳，其奈我何！」劉文典還在各種場合宣揚這樣

的觀點:「大學不是衙門。」意思是自己身為大學校長,並非衙門裡的當差的,所以處理校內事務完全可以自作主張,不必看軍閥的臉色,也不會仰達官貴人的鼻息。

一九二八年十一月,安大學生鬧學潮。蔣介石趕到安慶召見劉文典。劉文典去見蔣介石,並不像旁人那樣點頭哈腰,而是不卑不亢,坐在一旁抽菸。蔣介石問他如何處置鬧事學生,劉文典答:「鬧事者不光是安大學生,也有他校學生。」蔣介石說:「他校不問,先處理你校學生。」蔣介石又讓他查出學生中的共產黨,劉文典答:「我不知道誰是共產黨。你是總司令,就應該帶好你的兵;我是大學校長,學校的事由我來管。」蔣介石聽了大怒,罵道:「你看你站沒站相,坐沒坐相,衣冠不整,成何體統!簡直是個墮落文人!」劉文典毫不畏懼,反唇相譏道:「我是墮落文人,你就是新軍閥!」蔣介石哪受過這樣的侮辱,當即下令逮捕劉文典,準備來個殺一儆百。後在蔡元培等人的大力救助下,蔣介石在社會各界輿論的壓力下不得不釋放劉文典。

由此,我們也看出,為了保護學生,劉文典不惜豁出命來。

劉文典獲釋後去看望老師章太炎,章太炎對弟子不畏強暴、疾惡如仇的行為非常欣賞,抱病揮毫,給劉文典寫了副對聯:「養生未羨嵇中散,疾惡真推禰正平。」此聯用禰衡擊鼓罵曹的典故,譏刺了蔣介石的獨裁專橫,誇讚了劉文典的剛直不阿、敢批逆鱗。得到老師的誇獎,劉文典當然十分高興。這幅墨寶他一直珍藏,一九三八年他逃出北京時,很多珍貴書籍都不得不丟在家裡,卻把這副對聯帶到昆明。

教學貴新

講台上的劉文典給學生留下了深刻、難忘而美好的印象。作為教師,劉文典的魅力來自於以下幾個方面:新、細、活、準、奇、入。

新──講《紅樓夢》,劉文典的開場白如下:「寧吃鮮桃一口,不吃爛杏一筐。仙桃只要一口就行了。我講《紅樓夢》嘛,凡是別人講過的,我都不講;凡是我講的,別人都沒有說過。」劉文典授課內容之「新」,就在於

第四章 劉文典與弟子

他講的，「別人都沒有說過」。劉文典這番開場白顯示了一種自信，倘非腹笥廣博，別出心杼，誰敢說「凡是我講的，別人都沒有說過。」劉文典授課內容之所以「新」，是因為他所講授的內容往往是他多年研究的結果或思考的結晶。

細——劉文典別具隻眼，心細如髮，擅長從細微地方入手挖掘出富有創意的內涵。如他對《紅樓夢》中的「蘅汀花漵」作了這樣的解釋：「元春省親遊大觀園時，看到一幅題字，笑道：『花漵二字便好，何必蘅汀？』花漵二字反切為薛，蘅汀二字反切為林，可見當時元春已屬意薛寶釵了。」這樣的分析，令人信服。

在解說《海賦》一文時，劉文典提醒學生留意課文裡的文字。學生留神一看，果然滿篇文字多是水旁的字，劉文典進一步啟發學生，說：「先不必看此篇文章好壞，光看這麼多的水字旁的字，就已經令我們感受到波濤澎湃瀚海無涯，宛如置身海上一般。」中國的文字是象形文字，字的外形與內涵有著千絲萬縷的聯繫，劉文典讓學生先從文字的外形來感受一下作品的神韻，說明他洞悉了中國文字的奧祕。因為這一角度的獨特，學生們得到的感受和啟發顯得新奇而難忘。

活——劉文典喜歡把授課的內容與授課的場景結合起來，營造一種獨特的氛圍，讓學生有身臨其境之感。一次，他上課只上了半個小時，就宣布下課：「今天提前下課，改在下星期三晚飯後七時半繼續上課。」原來，下星期三是農曆五月十五，月光皎潔，他要在月下給大家講《月賦》。那天晚上，月光下擺了一圈座位，學生們在美麗月光下聽完那堂別具一格的《月賦》。那些聽課的學生有福了。在月光下聽《月賦》，這樣的場景即便想像一下已讓人心馳神往，更何況身臨其境，躬逢盛況呢！這不僅是一次難忘的課，更是一次珍貴的人生經歷！

準——劉文典讀書認真，常常能準確領悟作者的用意。魯迅有篇小說《白光》，寫一個封建社會的文人，多次參加科舉考試，未中。最後一次落榜後，他絕望了，便在自家屋裡亂挖，想挖出一點銀子，結果一無所得，就投湖自盡。屍體被撈上後，魯迅寫道：「那是一具男屍，五十多歲，身中面白無鬚。」

劉文典對學生說：「陳士成是個鬚髮皆白的老童生，怎麼會『面白無鬚』呢？」學生答不出來，他就進一步解釋：「科舉時代，應考的人無論多大歲數，皆稱『童生』，填寫相貌時一律寫『身中面白無鬚』，魯迅用這六個字暗示了陳士成到死還是個童生，而他之所以尋死也正是因為這一點。所以，魯迅其實是用這六個字來抨擊那個不合理的科舉制度的，表面上很含蓄，其實很辛辣。」只有細讀文本，用心揣摩作者的意圖，才會得出如此準確的結論。劉文典讀書之認真，領悟之精準，由此可見。

奇——為了吸引學生的注意力，劉文典上課時會說出一些令人驚奇的話語，而經他分析之後，學生們會恍然大悟，這些貌似「奇談怪論」的話語背後隱藏的內涵卻極有見地。有學生問劉文典，如何才能寫出好的詩作？劉文典答：「只須注意『觀世音菩薩』就行了。」學生不懂，他再解釋：「『觀』，是要多觀察；『世』，是要懂得人情世故；『音』，就是要講究音韻；『菩薩』，就是要有一付同情民眾、救苦救難的菩薩心腸。」這樣的解釋真讓人擊節讚歎！如此奇特的話語蘊涵的內容卻是如此精湛！劉文典話語之奇，讓學生們過「耳」不忘；其道理之深，又讓學生們終身獲益。

入——所謂「入」，就是投入。劉文典上課時，總是全身心投入到所講授的內容中去，如同演員入戲一般。一次，劉文典給學生講李商隱的《錦瑟》，下課鈴響了，劉文典還沉浸在「追憶」、「惘然」中，不能自拔，過了二十來分鐘，他的感情才慢慢平復，這才夾了書包，緩緩走出教室，神情有些恍惚，眼神裡含一絲迷惘，彷彿還在體味「莊生曉夢迷蝴蝶」。每次給學生講授詩歌時，劉文典一忽兒淺吟低唱，一忽兒慷慨悲歌。動情時，他會背著雙手在講台上來回踱步，一面搖頭晃腦地吟誦著，一面示意學生跟著吟誦。有學生不願吟誦，他就對他說：「詩不吟，怎知其味？欣賞梅蘭芳梅先生的戲，如果只是看看聽聽而不出聲吟唱，怎麼能體會其韻味呢？」是啊，對於詩歌，如果不吟誦，就不能全身心投入到作品所營造的意境中去，也就不能領會詩歌的妙處了。

第四章　劉文典與弟子

▌一張書單就是一堂課

　　北大教授金克木年輕時當「北漂」，曾在北大圖書館打零工餬口。一次，圖書館進來一位神氣有點落拓的穿舊長袍的先生。他夾著布包，手拿一張紙向借書台上一放，一言不發。金克木接過一看，是些古書名，後面寫著為校注某書需要，請某館長准予借出。金克木請他稍候，自己快步跑上四樓書庫。庫內老先生看了書單就皺眉，說這人不在北大教書，借的全是善本、珍本，有的還是指定抽借一冊，而且借去一定不還。這怎麼辦？老先生想了一會兒，終於想出一個辦法，並讓金克木按此辦法行事。

　　金克木下樓對借書者恭恭敬敬地說，這些書我們無權出借。現在某館長已換了某主任，請你到辦公室去找主任批下來才好出借，來人一聽館長換了新人，略微愣了一下，面無表情，仍舊一言不發，拿起書單，轉身揚長而去。金克木望到他的背影出門，連忙抓張廢紙，把進出書庫時硬記下來的書名默寫出來。以後有了空隙，便照單去找善本書庫中人一一查看。金克木很想知道，這些書中有什麼奧妙值得那位老先生遠道來借，這些互不相干的書之間有什麼關係，對他正在校注的那部古書有什麼用處。經過親見原書，又得到書庫中人指點，金克木增加了一點對古書和版本的常識。後來，金克木對朋友說：「我真感謝這位我久仰大名的教授。他不遠幾十里從城外來給我用一張書單上了一次無言之課。」

　　這位教授就是劉文典。倘若他知道，他無意間給一個圖書館的小夥計上了一堂「無言之課」，而這個小夥計，後來竟成了北大名教授，我想，他一定會感到非常欣慰的。

　　劉文典的一個借書單，讓一個好學青年大開眼界，且獲益終生，由此也證明了劉文典的學問之深之大了。

▌發揚民族真精神

　　一九三八年，為了不當亡國奴，劉文典不顧身體虛弱，決計離開北平。他託英國大使館的朋友買了船票，轉道天津、香港及越南，在路上奔波了整

整兩個月，終於抵達目的地昆明。當他抵達西南聯大時，不禁老淚縱橫，因為他終於逃出了虎口，重回中國的懷抱。

在西南聯大，他給遠方的妻子寄去自己寫的兩首詩：

其一

故國飄零事已非，江山蕭瑟意多違。

鄉關烽火音書斷，祕閣雲煙內籍微。

豈有文章千載事，更無消息幾時歸。

蘭成久抱離群恨，獨立蒼茫看落暉。

此詩表達了對日本侵略者憤恨和對中國山河深厚感情。

其二

繞屋松篁曲徑深，幽居差幸得芳林。

浮沉濁世如鷗鳥，穿鑿殘篇似蠹蟬。

極目關河餘戰骨，側身天地竟無心。

寒宵振管知何益，永念群生一涕零。

此詩表露了他對蔣介石消極抗戰的不滿，對中國命運的擔憂，以及對人民苦難的關注。

劉文典任教於西南聯大那段生活非常艱苦且充滿危險，因敵機經常來此轟炸，人員傷亡時有發生。其艱苦狀況，劉文典在給校長梅貽琦的信中有所表露：「自千年寓所被炸，避居鄉村，每次入城，徒行數里，苦況尤非楮墨所能詳。」儘管如此，劉文典從未缺課，他說：「國難當頭，寧可被飛機炸死，也不能缺課。」同時，他也向校長顯示自己戰勝一切困難，為國家貢獻出自己微薄之力的決心：「典雖不學無術，平日自視甚高，覺負有文化上重大責任，無論如何吃苦，如何貼錢，均視為應盡之責，以此艱難困苦時，絕不退縮，絕不逃避，絕不灰心。」

第四章　劉文典與弟子

在西南聯大，除了教學，劉文典還傾心研究莊子，並完成了他一生中的重要著作《莊子補正》，他為什麼要耗盡心血研究莊子呢？原來，他是透過研究莊子來弘揚民族氣節、復興民族精神，從而使災難中的中國能振興起來。在《莊子補正》的序言裡，劉文典道出了他寫作本書的目的和意圖：

雖然莊子者，吾先民教忠教孝之書也。高濮上之節，卻國相之聘，孰肯汙偽命者乎？至仁無親，兼忘天下，孰肯事齊事楚，以黍所生者乎？士能視生死如晝夜，以利祿為塵垢者，必能以名節顯，是固將振叔世之民，救天下之敝，非徒以違世、陸沉名高者也。苟世之君子，善讀其書，修內聖外王之業，明六通四辟之道，使人紀民彝復存於天壤，是則余董理此書之微意也。

為了讓更多的人理解並接受自己的良苦用心，他在各種場合用更為通俗的語言闡明自己以學術來救國的意圖。在一次演講中，談及國文系的使命和任務時，他說：「我們國文系，除研究文學外，還負了一個重大的使命，就是研究國學。現在國難當頭，國家存亡之際，間不容髮，我們應該加倍的努力，研究國學⋯⋯因為一個人對於固有的文化涵濡不深，必不能有很強的愛國心。不能發生偉大文學的國家，必不能卓然自立於世界。文藝、哲學，確乎是救國的工具。要求民族精神的復活，國家的振興，必須發揚我們民族的真精神。」

一九四九年新中國成立前夕，胡適曾謀劃把劉文典送往美國，並為他一家三口辦好了入境的簽證，但劉文典謝絕了胡適的「美意」，說：「我是中國人，為什麼要離開中國？」

新中國成立後，對劉文典這樣的愛國學者，黨和政府給予他很高的禮遇。評定職稱時，他被評為雲南省唯一一名一級教授，並被推選為全國第一屆政協委員，受到毛澤東等國家領導人的接見。在政協大會上，劉文典作了如下發言：「我很僥倖地、很光榮地趕上了這個偉大時代，更高興的是以一個九三學社的成員來做一個共產黨的助手。我願意獻出我的餘生，獻出我的全力，為國家社會主義化而奮鬥！」

言為心聲。劉文典在新社會重獲新生後的欣喜、激動、振奮之情在這番話中顯露無遺。

第五章　陳寅恪與弟子

　　自陳寅恪在清華大學任教以來，就一直被譽為「教授的教授」，其淵博的學識，不僅令學生驚嘆，也讓那些名流學者們深深折服。

　　「五四」時期的教授、學者眉宇間往往隱含一股狂傲之氣。當然，他們的才氣與學識使他們的狂傲具備了足夠的資本。不過，當他們與陳寅恪相識後，卻像張愛玲看見胡蘭成那樣，「變得很低很低，低到塵埃裡，然而心裡很高興，從塵埃裡開出花來。」從他們對陳寅恪的評價中，足見他們對陳的敬仰與欽服。

　　吳宓是哈佛大學的高材生，清高孤傲，然而在結識陳寅恪後，卻一改往日的性情，逢人即對陳的學識大加讚揚。在其日記裡，他這樣寫道：

　　宓於民國八年在美國哈佛大學，得識陳寅恪。當時即驚其博學，而服其卓識，弛書國內諸友謂：「合中西新舊各種學問而統論之，吾必以寅恪為全中國最博學之人。」今時閱十五六載，行歷三洲，廣交當世之士，吾仍堅持此言，且喜眾之同於五言。寅恪雖係吾友而實吾師。

　　梁啟超大名廣為人知，但他竟在清華大學校長面前說，陳寅恪「寥寥數百字的價值」抵得上他的等身著作。這話顯然是誇張了，但卻說明在梁啟超的心目中，陳寅恪的學識無人能及。

　　劉文典曾當面頂撞蔣介石。劉文典在上課時說，天下只有兩個人懂莊子，一個是莊子本人，另一個是他劉文典，夠傲吧？這樣一個狂傲之士，看誰都不服，唯獨對陳寅恪佩服得五體投地。在西南聯大教書時，一次在職稱評定會上，他說：「沈從文算什麼教授！陳寅恪才是真正的教授，他該拿四百塊錢，我該拿四十塊錢，而沈從文只能拿四塊錢。」還有一次，敵機襲擊昆明，劉文典帶著幾個學生冒死找到陳寅恪，拉著他就跑，一邊跑一邊說：「保存國粹要緊！保存國粹要緊！」

　　哲學家馮友蘭曾任清華大學的文學院院長，他對陳寅恪的畢恭畢敬被傳為美談。一九三四年出版的《教授印象記》有這樣一段文字：

第五章　陳寅恪與弟子

著名哲學家馮友蘭可謂大學問家，在清華稱得上名教授，他從一九二八年進校起，做過祕書長、文學院長和代理校長，但每回上中國哲學史課時，總看見馮友蘭十分恭敬地跟著陳寅恪從教員休息室出來，邊走邊聽陳寅恪講話，直到教室門口，才對陳先生深鞠一躬，然後離開。這使清華的師生既感佩馮先生的謙遜有禮，亦深感陳先生的崇高偉大。

中國國內，陳寅恪聲名遠播；海外，他也享有盛譽。海外的漢學家公認他為學問淵博、見識過人的史學家。日本學者白鳥庫吉研究中亞史時曾遇到疑惑不解處，便向德、奧學者虛心求教，卻一無所獲，後經人介紹致函陳寅恪，終得到滿意的答案，從此對陳十分敬服。

著名的漢學家伯希和對陳寅恪的評價是：陳先生能以批判性的方法並利用各種不同文字的史料從事他的研究，是一位最優秀的中國學者。

▎不採花即自由

陳寅恪雖傾心學問，但卻並非兩耳不聞窗外事。在書齋苦讀的同時，他對時政世事也極為關注。早在幼年，其祖父陳寶箴就曾告誡他「讀書當先正志」：

讀書當先正志；志在學為聖賢，則凡所讀之書，聖賢言語便當奉為師法，立心行事俱要依他做法，務求言行無愧為聖賢之徒。經史中所載古人事跡，善者可以為法，惡者可以為戒，勿徒口頭讀過。

祖父的教育使他很早就意識到，讀書要與立志、做人、救國聯繫在一起。所以，終其一生，陳寅恪雖堅守書齋不失學人本色，但卻並非以鑽故紙堆為樂的書蟲，而是把讀書當作治理國家、拯救國家的「根基」。正如他自己說的那樣：「拯救國家，治理國家，尤其要以精神的學問作為根基。」

對於有損國家，汙染社會的現象，陳寅恪往往會嚴厲地抨擊。一九一三年，陳寅恪在巴黎大學求學，偶見中國報紙，有人提議袁世凱為終身總統，當時巴黎正舉辦選花魁之會，他借題發揮。作詩諷刺，其中的名句是：「花王那用家天下，占盡殘春亦自雄。」新舊時代更替時期，爭權奪位現象仍屢

見不鮮，當時，清華大學校長一職就有三十人爭奪，陳寅恪聞知此事後，就作詩諷刺，詩題為《閱報戲作二絕》：

弦箭文章苦未休，權門奔走喘吳牛；

自由共道文人筆，最是文人不自由。

《石頭記》中劉姥姥，《水滸傳》裡王婆婆；

他日為君作佳傳，未知真與誰同科？

此詩對爭權奪位者的醜惡嘴臉作了辛辣的諷刺。

陳寅恪在國外留學多年，主要精力用來研習多種外國文字，但他的目的卻是透過掌握多門外語，從而準確地了解中國歷史，弘揚中國傳統文化，他的這一抱負在其《致妹書》中表述得很清楚：

我今學藏文甚有興趣，因藏文與中文，係同一系文字，如梵文之與希臘拉丁，及英俄德法等之同屬一系。以此之故，音韻、訓詁上，大有發明。因藏文數千年用梵音字母拼寫，其變遷源流，較中文為明顯。如以西洋語言科學之法，為中藏文比較之學，則成效當較乾嘉諸老更上一層。然此非我所注意也。我所注意者有二：一歷史。（唐史、西夏）西藏（即吐蕃）藏文之關係自不待言。一佛教。大乘經典，印度極少；新疆出書者亦零碎，及小乘之類，與佛教史有關者，多中國所譯，又頗難解。我偶取《金剛經》對勘一過，其注解自晉唐至俞曲園止，其間數十百家，誤解不知其數。我以為除印度、西域外國人外，中國人則晉朝、唐朝和尚，能通梵文，當能得正確之解，其餘望文生義，不足道也。

由此，我們可知陳寅恪的學術志向和人生追求。陳寅恪視傳統文化如性命，這也影響了他的諸位弟子。在清華國學院任導師時，其弟子在其言傳身教之下，也對國學產生了濃厚興趣，並視弘揚中國文化為不可推卸的責任。清華國學研究院第三屆學員藍文征對那段求學生活有深刻的回憶：

研究院的特點，是治學與做人並重，各位先生傳業態度的莊嚴誠摯，諸同學問道心志的誠敬殷切，穆然有鵝湖、鹿洞遺風。每當春秋佳日，隨侍諸

第五章　陳寅恪與弟子

師，徜徉湖山，俯仰吟嘯，無限春風舞雩之樂。院中都以學問道義相期，故師弟之間，恩若骨肉，同門之誼，親如手足，常引起許多人的羨慕。因同學分研中國文、史、哲諸學，故皆酷愛中國歷史文化，視同性命。

長期留學歐美的經歷使陳寅恪漸漸形成了自己的文化人格，簡言之就是「獨立之精神，自由之思想」。這既是他的治學之根，也是他的處世之本。在為王國維先生所撰寫的紀念碑文中，陳寅恪對其文化人格有精粹的表述：

> 士之讀書治學，蓋將以脫心志於俗諦之桎梏，真理因得以發揚。思想而不自由，毋寧死耳。斯古今仁聖所同殉之精義，夫豈庸鄙之敢望。先生以一死見其獨立自由之意志，非所論於一人之恩怨，一姓之興亡。嗚呼！樹茲石於講舍，係哀思而不忘。表哲人之奇節，訴真宰之茫茫。來世不可知者也，先生之著述，或有時而不章。先生之學說，或有時而可商。唯此獨立之精神，自由之思想，歷千萬祀，與天壤而同久，共三光而永光。

陳寅恪寫這番話，既是對王國維的高度評價，也是用來自警自勵。令人欽佩的是，陳寅恪以其言行證明了，他的一生無愧於他所說的「獨立之精神，自由之思想」。

一九五三年，中國科學院準備增設兩個歷史研究所，領導有意讓陳寅恪任二所所長，並特意派陳的學生汪籛去廣州徵詢其意見，陳口述了一份《對科學院的答覆》，其大意是：

> 我的思想，我的主張完全見於我所寫的王國維紀念碑中。……我認為研究學術，最主要的是要具有自由的意志和獨立的精神。……沒有自由思想，沒有獨立精神，即不能發揚真理，即不能研究學術……獨立精神和自由意志是必須爭的，且須以生死力爭。……一切都是小事，唯此是大事……
>
> 我絕不反對現在政權，在宣統三年時就在瑞士讀過《資本論》原文。我要請的人，我帶的徒弟都要有自由思想、獨立精神。不是這樣，即不是我的學生。……

陳寅恪的這份答覆令人震撼。雖然科學院不可能接受他的兩個要求，但他的勇氣和風骨卻在此充分顯露。

據陳寅恪的妻子唐篔說，陳寅恪最不願意看到別人寫文章時時提到什麼主義，一看到頭就痛，當時，很多趨時文人不懂裝懂，喜歡生吞活剝理論，陳寅恪看不慣，就寫詩諷刺：

八股文章試帖詩，尊朱頌聖有成規。

白頭學究心私喜，眉樣當年又入時。

在那個年代，陳寅恪清醒的聲音注定要被時代的洪流所淹沒，但他卻以「獨善其身」的方式保全自己的人格，捍衛自己的尊嚴。在給朋友的信裡，他賦詩一首《答北客》：

多謝相知築菟裘，可憐無蟹有監州。

柳家既負元和腳，不採花即自由。

在詩中，陳寅恪含蓄地向友人表明，不做自己不想幹的事，也就獲得了身心自由。儘管有些無奈，但做人做學問的原則還是牢牢堅守著。

一九四九年後，周揚青雲直上，成了文藝界「總管」、「文藝沙皇」，但陳寅恪對他沒有絲毫的忌憚和畏懼，而是以獨有的方式「襲擊」了他一下。以下是周揚的回憶：

一九五九年我去拜訪他（寅恪）。他問：周先生，新華社你管不管？我說有點關係。他說一九五八年幾月幾日，新華社廣播了新聞，大學生教學比老師還好；只隔了半年，為什麼又說學生向老師學習，何前後矛盾如此？我被突然襲擊了一下，我說新事物要實驗，總要實驗幾次。革命、社會主義也是個實驗，買雙鞋，要實驗那麼幾次。他不大滿意，說實驗是可以，但是尺寸不能差得太遠。

如此「襲擊」周揚，當然是冒著巨大風險的。

晚年，在《贈蔣秉南序》裡，陳寅恪這樣評價自己：「……默念平生固未嘗侮時自矜，曲學阿世，似可告慰友朋。」揆之事實，他當之無愧。

在山雨欲來風滿樓之際，陳寅恪如同天邊外一顆孤星，寒光逼人。

第五章　陳寅恪與弟子

▎不求學位求學問

陳寅恪十三歲留學日本，之後又曾赴美國、法國、德國留學，長達二十餘年，其中在德國留學時間最長，生活也最為辛苦。當時，陳家家境日衰，無力資助，而官費因政局動盪常常停寄，陳寅恪因此時常陷入窮困潦倒的窘境。其長女後來是這樣追記其父的留學生活的：「父親在德留學期間，官費停寄，經濟來源斷絕，父親仍堅持學習。每天一早買少量最便宜麵包，即去圖書館度過一天，常常整日沒正式進餐。」

德國人一般不食豬肉，豬的內臟特別便宜，所以陳寅恪和其他幾個留學生在飯店吃飯時，點得最多的菜就是炒腰花。不明就裡的人以為陳寅恪嗜吃豬腰子，其實他是為了省錢。

一次趙元任夫婦去德國遊玩，陳寅恪、俞大維請他們聽歌劇，兩人把趙氏夫婦送到劇院門口，就轉身離開。趙元任夫婦邀請他倆一道去欣賞，陳寅恪只得如實相告：「我們兩個只有這點錢，不夠給自己買票；如果買，就要吃好幾天乾麵包了。」

當時，海外留學生中不乏追求享樂、只想投機取巧混張文憑之輩，而陳寅恪和俞大維則是心無旁騖一心讀書的楷模，人們公認他倆是「寧國府門前的一對石獅子」，是「中國最有希望的讀書種子」。

對那些以留學為名行玩樂之實的「欺世盜名」者，陳寅恪極為不屑，曾對好友吳宓說：「吾留學生中，十之七八，在此所學，蓋唯欺世盜名、縱慾攫財之本領而已。」與這些「欺世盜名」者形成鮮明對照的是不求學位只求學問的陳寅恪。著名學者蕭公權在文章裡曾特意提及這一點：「我知道若干中國學者在歐美大學中研讀多年，只求學問，不受學位。陳寅恪先生就是其中最特出的一位。真有學問的人絕不需要碩士、博士頭銜去裝點門面。不幸是有些留學生過於重視學位而意圖取巧。他們選擇學校、院系、課程，以至論文題目，多務在避難就易。他們得著了學位，但所得的學問卻打了折扣。更不幸的是另有一些人在國外混了幾年，回國後自稱曾經某大學授予某學位。他們憑著假學位做幌子，居然在國內教育界或其他事業中混跡。」

陳寅恪的侄子也曾問他為何在國外未取得學位,陳答:「考博士並不難,但兩三年內被一具專題束縛住,就沒有時間學其他知識了。只要能學到知識,有無學位並不重要。」其侄子後來就此事問俞大維,俞答:「寅恪的想法是對的,所以是大學問家。我在哈佛得了博士學位,但我的學問不如他。」

陳寅恪在德國留學期間,生活最苦,但用力卻最勤。他這段時間留下的讀書筆記多達六十四本,其中文字涉及二十多種,由此,我們可看出他治學範圍之廣,治學功夫之深。

陳寅恪讀書往往眼到還須手到,也就是隨手批注。他的藏書,只要讀過,均有密密麻麻的批語。所謂的批語也就是他讀書的心得、體會、感想等。他的學生曾在文中介紹過他的這一習慣:

批語俱寫於原書上下空白處及行間,字極細密,且無標點。批語多時竟至原書幾無空白之處,復又寫於前後頁。從字跡大小及墨色看,同一相關內容的批語,往往不是一時寫成,前後時有補充或更正。設想先生當時讀書,有所得時,即隨手批寫於書上,以為以後撰寫論文時的資料,只是備自己參考,並沒有直接發表的打算,因此書寫頗不規整……(王邦維文,刊《中國文化》一九九〇年春季號)

其高足蔣天樞也有文字提到陳寅恪的批語:

先生於此書,時用密點、圈以識其要。書眉、行間,批注幾滿,細字密行,字細小處,幾難辨識。就字跡墨色觀之,先後校讀非只一兩次,具見用力之勤劬。而行間、書眉所注者,間雜以巴利文、梵文、藏文等,以參證古代譯語……

讀書時隨手批注,一方面表示陳寅恪讀書之嚴謹,另一方面,也為他日後寫論文、做學問打下基礎。事實上,他的許多重要論文,都是透過對批注進行整理、加工、連綴而完成的。陳寅恪曾多次翻閱《世說新語》,寫下大量的批注,可惜的是這部書因戰亂丟失了,否則他又會為我們留下一份寶貴的精神財產。

第五章　陳寅恪與弟子

▌聽課如聽楊小樓

一九二五年，陳寅恪被清華大學國學研究院聘為導師，自此，他開始了長達半個世紀的杏壇生涯，曾在西南聯合大學等多所大學任教。作為教師，陳寅恪講課技巧高超，授課內容精湛，聽他的課簡直就是享受。季羨林晚年曾這樣回憶他聽陳寅恪授課的感受：

陳寅恪先生講課，同他寫文章一樣，先把必要的資料寫在黑板上，然後再根據資料進行解釋、考證、分析、綜合，對地名和人名更是特別注意。他的分析細入毫髮，如剝蕉葉，愈剝愈細愈剝愈深，然而一本實事求是的精神，不武斷、不誇大、不歪曲、不斷章取義。他彷彿引導我們走在山陰道上，盤旋曲折，山重水復，柳暗花明，最終豁然開朗，把我們引上陽關大道。讀他的文章，聽他的課，簡直是一種享受，無法比擬的享受。在中外眾多學者中，能給我這種享受的，國外只有亨利希·呂德斯（Heinrich Lders），在中國只有陳師一人。

可以說，正是在陳寅恪吸引下，季羨林才最終選擇了梵文作為自己的畢生主攻方向。

週一良原來並非陳寅恪的學生，因慕其大名才跑到清華偷聽他的課，結果聽完第一次，就佩服得五體投地，後來，他是這樣描述初次聽陳寅恪課的感受的：

抱著聽聽看的心理，到清華三院教室去偷聽了陳先生講魏晉南北朝史。第一堂課講石勒，提出他可能出自昭武九姓的石國，以及有關各種問題，旁徵博引，環環相扣。我聞所未聞，猶如眼前放一異彩，常常為之所吸引。聽完這一次，就傾服得五體投地。我對其他幾位同來偷聽的同學說：就如聽了楊小樓一齣戲，真過癮！

不過，聽陳寅恪講課，自身的語言知識要豐富，知識面也不能太窄，因為陳寅恪講課時會涉及多種文字，如果你不是一個好學生，如果在課前你準備得不充分，那你只能是外行「聽」熱鬧，而不能像季羨林、週一良那樣的內行聽出門道，聽得過癮。

很多教師習慣照本宣科，習慣現炒現賣，更有甚者，一本講稿一講十年，紙張發黃了內容還一絲未變，這樣的教授曾被散文家梁遇春譏為「智識販賣所的夥計」。而陳寅恪授課時，每堂課都突出一個新字，他曾說：「前人講過的，我不講；近人講過的，我不講；外國人講過的，我不講；我自己過去講過的，我不講。我現在只講未曾有人講過的。」正因為新，學生才會聽得津津有味。一些學生的回憶，驗證了這一點：

陳師每種課程均以新的資料印證舊聞，或於習見史籍發現新的理解。凡西洋學者對中國歷史研究有新發現的，亦必逐類引證。因為引用外文的專籍特多，所以學生每不易筆記；但又因其每講都有新的闡發，所以學生也津津有味。

陳寅恪晚年重要助手黃萱也曾說過：「陳師的教學是高水平的，例如他講授魏晉南北朝史、隋朝史幾十次，每次內容不同，每次內容都是新的。」

抗戰時期，醫療條件差，陳寅恪的病目未能得到及時治療，結果竟雙目失明。不過，由於他幼年熟誦典籍，且記憶力超強，所以，失明後的他在助手幫助下依舊可以教學研究。晚年在中山大學授課，他先是吩咐助手黃萱把某書某頁某條及他寫過的相關文章找出或抄出，交給學校油印或影印，上課時發給學生作講義，上課時，他已和助手逐條核對了資料，並讓助手把關鍵詞語，難懂的地名或人名寫在黑板上，然後正式開講。一旦開始上課，他就整個身心完全沉浸在內容中，物我兩忘，全神貫注，以致有時下課鈴聲都不能將其喚醒。陳寅恪閉目授課的情景讓我想起作家阿城的《棋王》中的一個場面。當棋王王一生以一對九下盲棋車輪大戰時，作家寫道：

王一生孤身一人坐在大屋子中央，瞪眼看著我們，雙手支在膝上，鐵鑄一個細樹樁，似無所見，似無所聞。高高的一盞電燈，暗暗地照在他臉上，眼睛深陷進去，黑黑的似俯視大千世界，茫茫宇宙。那生命像聚在一頭亂髮中，久久不散，又慢慢瀰漫開來，灼得人臉熱。

你看，凝神上課的陳寅恪多像此時此刻的王一生，不過聚在陳寅恪頭上久久不散而又瀰漫開來的是文化，「灼得人臉熱」。

第五章　陳寅恪與弟子

▍師道熱腸

對弟子的學業，陳寅恪要求非常嚴格，但對弟子的生活卻是關懷備至。王永興曾做過陳寅恪的助手，當時王的職稱不高，分不到房子，可不久，學校卻將喇嘛廟的房子分配給了他。他高興之餘並未深想這件事。直到一九九〇年，王永興才從一篇文章中看到陳寅恪給當時的清華校長梅貽琦的一封信，請清華破例給王永興分配住房：

月涵吾兄先生左右：

王永興先生住宅事當由雷伯倫先生面商，茲再由內人面陳一切。鄙意有兩點請注意。

　　（一）規則問題：清華住房之規則或有困難，但王先生係北大之教員，暫時以友誼關係來住清華，助弟授課，若以客人之身分暫住適當之房屋，似不在前定之規劃限制之內，可否通融辦理，或有其他辦法則更佳。

　　（二）事實問題：若王先生無適當之房屋，則其犧牲太大，弟於心亦深覺不安，勉強繼續此種不安之情態，恐亦不能過久。則弟之工作勢必停頓。思維再四，非將房屋問題解決不可。解決之法唯求吾兄曲念苦衷及實際困難情形，設一變通之策，諒亦不至有他種同類情形援此例以阻礙規則之施行也。詳情悉由內人面陳，敬希鑒諒為荷。專此奉悉，並候

儷祉

弟寅恪謹啟　一月十三日

讀到這封信，王永興如夢方醒，原來為了他的住房，老師寫信，師母「面陳」，可謂用心良苦，大費周折，但幾十年中老師、師母從不提起此事，王永興感慨：「長時間中我受到先生的護持竟不知曉，而今稟謝無由，至感悲愧。」清華的校訓是「自強不息，厚德載物」，在王永興心中，陳師寅恪正是厚德之人。

季羨林從德國留學回來,在南京偶遇陳寅恪。陳當即叮囑他去找北大代校長傅斯年,特別提醒他帶上用德文寫的論文。多年後回憶陳寅恪當時熱切的話語,季羨林依然十分感動,說:「可見先生對我愛護之深以及用心之細。」

後來,季羨林把自己的論文《浮屠與佛》說給陳寅恪聽,想請他指教一番,沒想到陳寅恪把此文介紹給《史語所集刊》。這是當時的權威核心學術期刊。作為學術新人,能在上面發表文章,簡直是「一登龍門,身價十倍」。季羨林的感激之情可想而知。

陳寅恪曾多次給朋友寫信替學生謀職。在給陳垣不多的信件中,有四封是為學生的事求助對方:

再啟者:

吳君其昌清華研究院高材生,畢業後任南開大學教員,近為美國史丹佛大學經濟學會蒐集中國經濟史資料,吳君高才博學,寅恪最所欽佩,而近狀甚窘,欲教課以資補救。師範大學史學系,輔仁大學國文系、史學系如有機緣,尚求代為留意。吳君學問必能勝任教職,如其不能勝任,則寅恪甘坐濫保之罪。專此奉陳,並希轉商半農先生為荷。

寅恪再啟　九月十三日

援庵先生賜鑒:

頃清華教員王君以中來言,尊處藏有《殊域周咨錄》一份,不知能允許借抄否?王君為李君濟之助教,專攻東西交通史,故亟欲得此書一觀也。專此奉詢,敬叩

撰安

寅恪謹上　二月三日

援庵先生道席:

久不承教,渴念無已。聞輔仁大學有藝術系之設,湯定之先生滌,畫學世家,諒公所知,洵中國畫之良好教師也。敬舉

第五章　陳寅恪與弟子

賢能，以備延聘，不勝感幸之至。專此，敬叩著安

陳寅恪謹上　九月十九日

援庵先生著席：

孫君道升，前清華哲學系畢業高材生，學術精深，思想邃密，於國文尤修養有素，年來著述斐然，洵為難得之人才。聞輔仁附屬高中國文課尚需教員，若聘孫君擔任，必能勝任愉快也。專此介紹，敬頌

道祺

寅恪拜啟　七月二十三日

對那些天資一般的學生，只要有一技之長，陳寅恪也會設法為他們找一個合適的職業。他曾致信楊樹達，請對方為一位肄業生謀份職業：

遇夫先生有道：

前聞令郎言先生往廣州講學，想已早返長沙。近日大著倘蒙賜寄一讀，不勝感幸。茲有懇者：清華史學系肄業生劉君世輔，成績頗佳，而因家計輟學，欲求一小小工作，不知我公能在湖大或其他機關為之設法否？耑此，敬請

著安

弟寅恪敬啟　七月七日

陳寅恪愛才，看到有天分、肯努力的人才，會主動為他們尋找合適的崗位。他曾致信傅斯年，極力推薦張蔭麟：

孟真兄：

昨閱張君蔭麟函，言歸國後不欲教授哲學，而欲研究史學，弟以為如此則北大史學系能聘之最佳。張君為清華近年學生品學俱佳者中之第一人，弟嘗謂庚子賠款之成績，或即在此一人之身也。張君年頗少，所著之學術論文多為考證中國史性質，大抵散見於《燕京學報》等，四年前赴美學哲學，在史丹佛大學得博士學位。其人記頌博洽而思想有條理，以之擔任中國通史課，恐現今無更較渠適宜之人。若史語所能羅致之，則必為將來最有希望之人才，

弟敢書具保證者，蓋不同尋常介紹友人之類。北大史學系事，請兄轉達鄙意於胡、陳二先生，或即以此函轉呈，亦無不可也。專此，敬頌

著祺

弟寅恪　十一月二日

後來，張蔭麟英年早逝，陳寅恪極為痛心，撰輓詩二首：

其一

流輩論才未或先，著書曾用牘三千。

共談學術驚河漢，與敘交情忘歲年。

自敘汪中疑太激，叢編勞格定能傳。

孤舟南海風濤夜，回憶當時信惘然。

其二

大賈便便腹滿腴，可憐腰細是吾徒。

九儒列等真鄰丐，五斗支糧更殞軀。

世變早知原爾爾，國危安用較區區。

聞君絕筆猶關此，懷古傷今並一籲。

一九五一年十一月間，身為嶺南大學醫學院院長夫人的黃萱，經人介紹，成為陳寅恪助手。

其時陳寅恪已經失明好些年，如果不是痴迷文化，執著學問，恐怕不會堅持工作的。他曾對黃萱說：「人家必會以為我清閒得很，怎能知道我是日日夜夜在想問題、準備教學和做研究工作。」

有時候黃萱剛到，陳寅恪就急切地把當天工作安排給她。他對黃萱解釋說：「晚上想到的問題，若不快點交代出來，記在腦子裡是很辛苦的。」

黃萱尊重大師陳寅恪，將其視為長輩，可陳寅恪卻十分謙遜，一直以平輩待之。

第五章　陳寅恪與弟子

「文化大革命」中，陳寅恪自知來日無多。對來探望他的黃萱說：「我治學之方法與經歷，汝熟之最稔，我死之後，望能為文，以告世人。」黃萱卻坦誠回答：「陳先生，真對不起，你的東西我實在沒學到手。」陳寅恪黯然：「沒學到，那就好了，免得中我的毒。」

二十年後，黃萱不無感傷地說：「我的回話陳先生自是感到失望。但我做不到的東西又怎忍欺騙先生？先生的學識恐怕沒有人能學，我更不敢說懂得其中的一成。」

後來有關部門想了解黃萱的工作情況，陳寅恪為她做了這樣的鑒定：

一、工作態度極好。幫助我工作將近十二年之久，勤力無間始終不懈，最為難得。

二、學術程度甚高。因我所要查要聽之資料全是中國古文古書，極少有句讀，即偶有之亦多錯誤。黃萱先生隨意念讀，毫不費力。又如中國詞曲長短句亦能隨意誦讀，協和韻律。凡此數點聊舉為例證，其他可以推見。斯皆不易求之於一般助教中也。

三、黃先生又能代我獨立自找資料，並能貢獻意見修改我的著作缺點，及文字不妥之處，此點尤為難得。

總而言之，我之尚能補正舊稿，撰著新文，均由黃先生之助力。若非她幫助我便為完全廢人，一事無成矣。上列三條字字真實，絕非虛語。希望現在組織並同時或後來讀我著作者，深加注意是幸。

從這份鑒定，我們可感受到陳寅恪的虛懷若谷與善待晚輩。

陳寅恪的詩中有這樣的句子：「北歸默默向誰陳，一角園林獨愴神。尋夢難忘前度事，種花留於後來人。」

我想，一代大師陳寅恪「留於後來人」的，既有文化美饌，也有人格佳釀。

第六章　胡適與弟子

　　胡適一生育人無數，因受了他的指導而走上學者之路且獲得大成就者不在少數。作為老師，在學業上，胡適對弟子傾其所有，毫無保留，如他所說：「鴛鴦繡取從君看，要把金針度與人」；在生活上，他對弟子的照顧也是無微不至。

　　臺大畢業的陳之藩夢想赴美留學，但連買機票的錢都沒有，胡適知道後，立即從美國給他寄來支票，圓了他的留學夢，陳之藩後來在美鑽研物理學，成為大家。當陳之藩經濟條件有了好轉後，把支票寄還給了胡適，胡適給他寫了封回信：

　　之藩兄：

　　謝謝你的信和支票。

　　其實你不應該這樣急於還此四百元。我借出的錢，從來不盼望收回，因為我知道我借出的錢總是「一本萬利」，永遠有利息在人間的⋯⋯

　　陳之藩接到此信後大為感動，說：「這是胡先生給我的最短的一信，但卻是使我最感動的一信，如同乍登千仞之岡，你要振衣；忽臨萬里之流，你要濯足。在這樣一位聖者的面前，我自然而然地感到自己的汙濁。他借出的錢，從來不盼望收回，原因是：永遠有利息在人間。⋯⋯我每讀此信時，並不落淚，而是自己想洗個澡。我感覺自己汙濁，因為我從來沒有過這樣的澄明的見解與這樣廣闊的心胸。」

　　終其一生，陳之藩對胡適執弟子禮甚恭，每次談到胡適，他話語中都包涵一股真摯而濃烈的感情：「並不是我偏愛他，沒有人不愛春風的，沒有人在春風中不陶醉的。因為有春風，才有綠楊的搖曳；有春風，才有燕子的迴翔。有春風，大地才有詩；有春風，人生才有夢。」

　　春風化雨，潤物無聲。胡適的春風，催開了多少青年的求學之夢；胡適的細語，潤澤了多少學子的乾渴心田。

第六章　胡適與弟子

胡適登上北大講台時年方二十七歲，但胡適在美國讀書時演講方面已大獲成功。在北大授課，可謂舉重若輕，駕輕就熟。

胡適上課時喜歡引經據典，孔子的話，就是孔說；孟子的話，是孟說；孫中山的話則是孫說，最後說到自己的意見，他在黑板上寫了兩個字——胡說，引得學生哈哈大笑。

胡適大名鼎鼎，來偷聽課的校外生也多，一次，胡適給學生們一個紙條，說：「你們誰是來偷聽課的，請給我留個名字。偷聽、正式聽，都是我的學生，我想知道一下我學生的名字。」胡適這番話顯示了他特有的寬容。孔子說：「有教無類。」胡適做到了。

一次胡適在課堂上講禪宗，說：「在禪家眼裡，如花美眷並不可愛，因為到頭來都會成為風乾的枯骨。」此語一出，坐在前排的女生頓時花容失色，胡適隨即補充一句：「這幾位漂亮小姐不必不安，請不要擔心。沒有男士會相信那些和尚們的鬼話的。不信，下課後你照樣會收到男朋友們寄來的求愛信的。」一番話引來滿堂笑聲，那幾位女生自是心花怒放。胡適的幽默與機智使他總能這樣「挽狂瀾於既倒」。

曾負笈北大的張中行說：「現在回想，同學們愛聽胡適的課，主要還不僅是內容新穎深刻，而是話講得漂亮，不只不催眠，而且使發睏的人不想睡。」

有一分證據，說一分話

在中國學術文化源流中，師承關係極為重要。不少大家就是在名師的言傳身教下開始了自己的學術人生，踏上了一條通向成功的道路。歷史學家羅爾綱在胡適家中親炙五年，潛心苦學，深得胡適的治學精髓，從而終生受益。

一九三○年初夏，羅爾綱即將從中國公學畢業，經過再三考慮，他選擇了走研究歷史的道路。當時胡適既是中國公學的校長也是他的業師，於是，他給胡適寫了封信，請胡適推薦他去某個研究機關或圖書館工作。胡適表示無能為力，但卻對他說：「我知道你，你去年得到學校獎學金，你的文化史

論文很好。我讀了你的信，很明白你的情形。你畢業後，如果願意到我家來，我是很歡迎你的。」羅爾綱聽了這番話，大喜過望，能置身一位當代大師的家庭，終日親炙師教，是一樁可遇而不可求的事。

羅爾綱身體瘦弱，少年時生了一場大病，從此蜷縮在死亡的陰影裡，怕提到死字，怕看到棺材。胡適知道這一點後，就開導他說：「你見過張菊生先生的。他青年時也很多病，因為善於保養，所以現在到了高齡，身體還很好。一個人要有生命的信心，千萬莫要存著怕死的念頭。怕死的人常常不免短命，有生命自信的人，精神才會康健的。」

胡適的話給了羅爾綱一種鼓舞，從此，他走出了死亡的陰影，變成了一個樂觀自信的人。

羅爾綱在胡適家的工作就是輔導胡適的兩個兒子的功課，另外抄錄胡適父親胡鐵花先生的遺集。輔導功課，很輕鬆；抄錄遺集，卻很繁難。

《胡鐵花先生全集》，除了地理學的論文有其學術上的價值外，其全部記載，乃光緒間一部有關外交的、內政的、軍政的、河工的史料。他的全部遺集分為年譜、文集、詩集、申稟、書啟、日記六類，約有八十萬字。要抄錄這部巨著，不是一件容易的工作。因為鐵花先生太忙了，在他的底稿上東塗西改，左添右補，煞是難看。抄寫的人，除非十分小心，並且有耐性，否則是抄不下去的。有時還得用校勘方法，如在抄申稟時，遇到哪裡實在看不清楚了，就得拿書啟或日記裡面那些記同一事件的部分來對勘，方才可以尋得他改削的線索出來。

胡適為何讓羅爾綱做這樣的工作呢？主要是為了培養他的耐性，因為研究歷史，最需要耐性。

遺集抄完後，胡適又找來幾個《聊齋志異》的不同版本，讓羅爾綱做對勘工作。在此基礎上，胡適寫出了兩篇重要考證文章。羅爾綱以助手的身分參與了胡適的寫作，因此獲益良多：

適之師寫成《蒲松齡的生年考》後，他又寫一篇《〈醒世因緣傳〉考證》。這一篇考證，適之師經過五、六年思考的工夫，方才審慎的動手撰寫。其難

第六章　胡適與弟子

度遠在《紅樓夢考證》之上，最足以代表適之師的考證方法。這篇考證的主題，是解答《醒世因緣傳》的作者是誰這一個難題。適之師解答這個難題，經過幾許波折，其中有大膽的假設，細心的考證，終於得到完滿的證實。適之師對這篇考證很高興，他說他這一篇考證故事，可以作為思想方法的一個實例，可以給將來教授思想方法的人添一個有趣味的例子。所以他在引文上就寫上了一句「鴛鴦繡取從君看，要把金針度與人」的話。適之師平時教人做考證有兩個法則：一個是大膽的假設；一個是細心的求證。我十分榮幸，在適之師草稿的時候，我就讀到這篇考證，給我莫大的啟發。

胡適一家待羅爾綱細心周到如同家人，當羅爾綱母親病重，他決定回家盡孝。臨別時，他對胡適及其家人產生一種依依不捨的感情，於是，給老師留下了一封信，略表謝忱。胡適讀後，回了封信：

爾綱弟：

看了你的長信我很高興。我從前看了你作的小說，就知道你的為人。你那種「謹慎勤敏」的行為，就是我所謂「不苟且」，古人所謂「執事敬」，就是這個意思。你有此美德，將來一定有成就。

你覺得家鄉環境不適宜你做研究，我也贊成你出來住幾年。你若肯繼續留在我家中我十分歡迎。但我不能不向你提出幾個條件：

（一）你不可再向你家中取錢來供你費用。

（二）我每月送你四十元零用，你不可再辭。

（三）你何時能來，我寄一百元給你作旅費，你不可辭。

如此數不敷，望你實告我。

我用了這些「命令詞氣」，請你莫怪。因為你太客氣了，叫我一百分不安，所以我很誠懇的請求你接受我的條件。

你這一年來為我做的工作，我的感謝，自不用我細說。我只能說，你的工作沒有一件不是超過我的期望的。

讀了胡適這封信，羅爾綱心裡湧起一股暖流，更重要的是，他從此記住了珍貴的「不苟且」的三字師教。

羅爾綱回家後在家鄉中學教了一階段的書，由於心細、用功，教書過程中，他在教科書裡發現兩處錯誤，就寫了兩段小札，寄呈胡適求教。胡適看後很高興，在回信中對他的考證表示讚賞：「你的兩段筆記都很好，讀書作文如此謹慎，最可有進步。你能繼續這種精神──不苟且的精神，無論在什麼地方，都可有大進步。古人所謂『子歸而求之，有餘師。』真可轉贈給你。」

上大學期間，羅爾綱曾想在上古史方面做點研究，是胡適的及時點撥讓他改弦易轍的。胡適在看了羅爾綱寫的關於上古史方面的論文後，說：「你根據的史料，本身還是有問題的，用有問題的史料來寫歷史，那是最危險的，就是你的老師也沒辦法幫助你。近年的人喜歡用有問題的史料來研究中國上古史，那是不好的事。我勸你還是研究中國近代史吧！因為近代史的史料比較豐富，也比較易於鑒別真偽。」

羅爾綱說，胡適這番話對他來說簡直是「黑夜明燈般的指示」，此後，他放棄了對中古史的研究，將目光投向新的研究領域。

「不疑處有疑，方可進步！」這是胡適常對羅爾綱說的一句話，它對羅爾綱的研究工作造成了至關重要的作用。他說：

適之師教我懂得懷疑，教我要疑而後信，而引動我開始太平天國研究的動機，便是由於懷疑薛福成所述張嘉祥故事的傳說，結果，史實給我證明了薛福成記載的虛謬。這一件事對我以後研究太平天國史有至為重大的意義。因為太平天國史事，當時官書野乘已經傳說紛紜，加以清季有一班人又特意偽造太平天國文獻借來鼓吹革命。所以我們研究太平天國史，除非先存一個懷疑的態度，具有辨偽的功力去從事鑒別史料，考證史事，恐怕不免墮於五里霧中，難見真面目。我一開步走就存著懷疑的態度，我覺得我的步伐不會走錯。以後我懷疑洪秀全與朱九濤的關係，懷疑洪大泉，懷疑石達開的詩文與其出身等等，都是繼續這個步伐進行的。其後幾年，我把我的懷疑一一考證出來了，便在太平天國史上開了一種辨偽考證的風氣。一點一滴地把太平

第六章　胡適與弟子

天國史上的偽傳說、偽文件逐步推翻去。這一點小小的工作,都是從適之師給我的訓練,給我的教訓得來的。

胡適對羅爾綱一向很溫和、寬厚,但倘若羅爾綱在寫作時犯了信口開河的毛病,胡適的批評也極為嚴厲。

胡適第一次嚴厲批評羅爾綱是在一九三五年春天,當時,羅爾綱在《大公報》第七十二期發表書評《〈聊齋文集〉的稿本及其價值》的書評。在這篇急就章裡,羅爾綱對《聊齋文集》的批評過於隨意,胡適看了此文,大為光火,他對羅爾綱說:「《聊齋·述劉氏行實》一文固然是好文章,但他的文集裡面的好文章還有不少哩,你概括地說都要不得,你的話太武斷了。一個人的判斷代表他的見解。判斷的不易,正如考證不易下結論一樣。做文章要站得住。如何才站得住?就是,不要有罅隙給人家推翻。」

對胡適的批評,羅爾綱心悅誠服:「我回到家中,立刻把適之師的教訓記在副刊我那篇文章上面。幾年來,經過了多少次的播遷,那張副刊,我總好好的保存著,為的是要珍重師教。」

然而不久,羅爾綱又犯了一次率爾操觚的毛病。一九三六年夏,羅爾綱在《中央日報》副刊發表一篇《清代士大夫好利風氣的由來》的史論式短文,文中的結論同樣下得草率、武斷。胡適看了這篇文章,和上次一樣生氣,就寫一封很嚴厲的信責備弟子,在這封信裡,胡適有幾句話顯得特別語重心長:「你常作文字,固是好訓練,但文字不可輕作,太輕易了就流為『滑』,流為『苟且』。我近年教人,只有一句話:『有幾分證據,說幾分話。』有一分證據只可說一分話。有三分證據,然後可說三分話。治史者可以作大膽的假設,然而絕不可作無證據的概論也。」

羅爾綱知道,胡適對自己是因為愛之深才責之切的,為了表示自己的感激之情,他一連四個晚上伏在桌上次了一封幾十頁的長信。

一九三七年春天,羅爾綱出版了一部《太平天國史綱》,這部書的很多結論同樣很片面。胡適看了這部書,再次責備弟子說:「你寫這部書,專表揚太平天國,中國近代自經太平天國之亂,幾十年來不曾恢復元氣,你卻沒

有寫。做歷史學家不應有主觀，須要把事實的真相全盤托出來，如果忽略了一邊，那便是片面的記載了。這是不對的。你又說五四新文學運動，是受了太平天國提倡通俗文學的影響，我還不曾讀過太平天國白話文哩。」

倘若沒有胡適的嚴厲批評嚴格要求，羅爾綱在後來的研究工作中也許就不會那麼一絲不苟了。

羅爾綱曾在北大考古室做助理，其間，清華大學史學系主任蔣廷黻對羅非常賞識。後來蔣廷黻出任駐蘇聯大使，就推薦羅爾綱去清華接替他，講授中國近代史課程。沒想到，胡適不同意。羅爾綱想不通，很長時間未去胡適家中拜望。不久，羅爾綱又找了另一份工作，才去胡適家辭行。胡適看到他，立即說：「爾綱你生氣了，不上我家。你要知道，我不讓你到清華去，為的是替你著想，中國近代史包括的部分很廣，你現在只研究了太平天國一部分，如何去教人？何況，蔣廷黻先生是個名教授，你初出教書如何就接到他的手？如果你在清華站不住，你還回得了北大嗎？我為你著想，還是在北大好。你到別處去，恐怕人家很難賞識你。」

聽了這番話，羅爾綱這才理解了老師的一片苦心，感動得滿眼是淚。

後來，因家庭方面的原因，羅爾綱還是去了南方工作，沒想到不久就染上瘧疾，久治不癒。胡適便給南京中央醫院院長寫信，請專家為羅爾綱治療。抗日戰爭時期，遠在美國的胡適還給妻子江冬秀去信，讓她設法資助羅爾綱一家。可以說，胡適是羅爾綱學問上的老師，也是生活上的恩人。

小題要大做

吳晗在中國公學讀書時曾聽過胡適的課，正是在胡適所講授的「中國文化」班上，吳晗寫了一篇論文《西漢的經濟狀況》，深得胡適賞識。胡適還將此文推薦給大東書局出版，吳晗因此得到八十元的稿酬。吳晗後來去北京，沒有這八十元，恐怕就很難立足了。

論文獲胡適的肯定，吳晗便開始給胡適寫信求教。吳晗給胡適的第一封信，談的是關於整理《佛國記》的事。吳晗在信中寫道：「我現在所能根據

第六章　胡適與弟子

的只是一篇《漢魏叢書》內的《佛國記》，版本很壞，我想找到一部較好的版本，把它標點校對出來。另外再把《大唐西域記》《南海寄歸傳》校對一過，訂在一起或者把它出版，使研究的人可以得到許多方便。此議是否可行？如可，先生能否供給我必要的書籍或替我代借？」又說：「明知先生很忙，不過除了先生以外，我實在想不出一個比先生更能用科學的方法來解決和指導路徑的人。」

吳晗對胡適的景仰在此信中表露無遺。

胡適不久因故離開了中國公學，學校中的其他教授不能令吳晗滿意，再加上手頭有一筆稿費，吳晗也決定去北京尋覓深造的機會。

吳晗到北京後，經顧頡剛的介紹，在燕京大學的圖書館謀到一份差使，這段時間他草成了一篇三、四萬字的《胡應麟年譜》初稿，把它寄給了胡適，並附了一封信，信中說了寫此文的經過，所引證的資料以及修訂的設想等。吳晗在信中還希望胡適能「費一點功夫，多多指教，」還請胡適能為他提供一些有關的參考書。

胡適收到此信，第二天就回了信，信裡說：「我記得你，並且知道你的工作。你作《胡應麟年譜》，我聽了很高興。寫定時我想看看，星期有暇請來談。羅爾綱君住在我家。」這封信是吳晗和胡適關係的一個轉折點，他們長達數年的密切的師生關係由此拉開序幕。

在胡適的鼓勵下，吳晗後來考取了清華大學攻讀歷史。但是，由於當時吳晗家境破落，上學費用沒有著落。情急之下，向胡適求助，胡適當即給清華大學代理校長翁文灝（字詠霓）和教務長張子高寫了一封信，要求校方給予特殊的關照，信的全文如下：

詠霓、子高二兄：

清華今年取了的轉學生之中，有一個吳春晗（原名），是中國公學轉來的。他是一個很有成績的學生，中國舊文史的根柢很好。他有幾種研究，都很可觀；今年他在燕大圖書館做工，自己編成《胡應麟年譜》一部，功力判斷都不弱。此人家境甚貧，本想半工半讀，但他在清華無熟人，恐難急切得

工作的機會。所以我寫這信懇求兩兄特別留意此人，給他一個工讀的機會。他若沒有工作的機會，就不能入學了。我勸他決定入學，並許他代求兩兄幫忙。此事倘蒙兩兄大力相助，我真感激不盡。附上他的《胡應麟年譜》一冊，或可覘他的學力。

有了胡適的強力推薦，清華大學極為重視，為吳晗安排了一份整理大內檔案的工作，報酬是二十五元。豐厚的薪水，不僅解決了吳晗學費和生活費，尚有餘錢寄回家養老。

為了讓吳晗能安心求學，早出成果，胡適還借給吳晗四十元作為入學後購書所用。胡適的舉動令吳晗大為感動，他在給朋友的信裡說，胡適對他的「盛意深情」讓他「今生愧怍無地」。

吳晗入學後，史學系主任蔣廷黻第一次和他談話就勸他專攻明史，而吳晗對秦漢史更有興趣。一時拿不定主意的吳晗寫信給胡適，胡適回信建議他聽蔣廷黻的話，專治明史，胡適的理由如下：「秦漢時代資料太少，不是初學所能整理，可讓成熟的學者去工作。資料少則有許多地方須用大膽的假設，而證實甚難，非有豐富的經驗，最精密的方法，不能有功。晚代歷史，資料較多，初看去似甚難，其實較易整理，因為處處腳踏實地，但肯勤勞，自然有功。凡立一說，進一解，皆容易證實，最可以訓練方法。」

胡適的建議堅定了吳晗治明史的決心，而他的這一決定也讓胡適大為滿意。胡適相信自己的眼光，知道只要經過一番打磨，吳晗這塊「璞」很快就會成為「玉」的。為了讓吳晗盡快入門，他給吳晗寫了封長信，詳細談了研究歷史的具體方法：

（1）應先細細點讀《明史》；同時先讀《明史紀事本末》一遍或兩遍。《實錄》可在讀《明史》後用來對勘。此是初步工作。於史傳中之重要人的姓名、字、號、籍貫、諡法，隨筆記出，列一表備查，將來讀文集、雜記等書便不感覺困難。讀文集中之碑傳，亦須用此法。

第六章　胡適與弟子

（2）滿洲未入關以前的歷史，有人專門研究；可先看孟森（心史）《清開國史》（商務）一類的書。你此時暫不必關心。此是另一專門之學。謝國楨君有此時期史料考，已由北平圖書館出版。

（3）已讀得一代史之後，可以試作「專題研究」之小論文；題目愈小愈好，要在「小題大做」，可以得訓練。千萬不可做大題目。

（4）札記最有用。逐條必須註明卷冊、頁數，引用時可以複檢。許多好「專題研究」皆是札記的結果。

（5）明代外人記載尚少，但如「倭寇問題」，西洋通商問題，南洋問題，耶穌會教士東來問題，皆有日本及西洋著述可資參考。……

請你記得：治明史不是要你做一部新明史，只是要你訓練自己作一個能整理明代史料的學者。

在信裡，胡適把自己治學的看家本領和盤托出，表明了他對吳晗寄予厚望。

吳晗讀了這封信，感動且嘆服，在回信裡說：「先生所指示的幾項，真是光耀所及，四面八方都是坦途。」說幹就幹，吳晗立即將胡適的指示付諸行動：「在上星期已託人買了一部崇文本《明史》，逐日點讀。另外做了幾千張卡片裝了幾隻匣子，分為（1）人名（2）書名（3）記事三種，按類填寫；比較複雜的就寫上雜記簿，準備先把《明史》唸完後，再照先生所指示的逐步做去。」

在胡適無私而精心地指導下，吳晗學業上突飛猛進，不到幾年時間發表文章六時多篇，有不少文章堪稱大手筆。由於成績出眾，成果豐碩，吳晗畢業那年，有兩所大學搶著要他。胡適高興地寫文章宣傳這件事，鼓勵更多的學生能像吳晗這樣埋頭苦讀。

胡適曾送給吳晗一幅字：「大處著眼，小處著手；多談問題，少談主義。」吳晗把這幅字掛在書房裡，時刻激勵自己。

讀書三要訣

　　研究歷史，當然要讀大量的書，但光讀書是不夠的，還必須有新的眼光，才能發人所未發，另外，還要有科學的方法。沒有科學的方法，面對那些雜亂無章的資料，除了頭暈目眩就是束手無策了。工欲善其事，必先利其器，有了科學的方法，研究者會如虎添翼，資料的「生米」才會煮成學問的「熟飯」。對顧頡剛來說，正是老師胡適給了他新的眼光和科學的方法。難怪他要說：「胡適是我的引路人。」

　　胡適初登北大講台，只有二十七歲，很多學生對這個留美博士充滿懷疑，私下議論說：「他是一個美國新回來的留學生，憑什麼能到北京大學裡來講中國的東西？」顧頡剛自然也不例外。第一堂課，胡適用《詩經》作時代的說明，拋開夏商直接從周宣王講，這一改動，對滿腦子三皇五帝的北大學生來說，無異於一個打擊。許多同學非常不滿，可顧頡剛畢竟是肯思考、有主見的人，幾堂課聽下來，漸漸接受了胡適的觀點，他對周圍的同學說：「胡先生讀的書不如其他老先生多，但在裁斷上是足以自立的。那些老先生只會供給我們無數資料，不會從資料裡抽出它的原理和系統，那就不能滿足現代學問上的要求。胡先生講得有條理，可謂振衣得領。」那時候，傅斯年是顧頡剛的好友，顧頡剛在他面前力挺胡適，說：「胡先生講得的確不差，他有眼光、有膽量、有斷制，確實是一個有能力的歷史家。他的議論處處合於我的理性，都是我想而不知道怎樣說才好的。你雖不是哲學系，何妨去聽一聽呢？」傅斯年聽後，也表示讚賞，他對顧頡剛說：「胡先生書讀的不多，但他走的路是對的。」

　　如果沒有這次「打擊」，顧頡剛雖然依舊會讀很多書，但只能像那些老先生一樣成為「兩腳書櫥」，而聽了胡適的話，他既具備了看資料的「眼光」，也掌握了處理資料的「方法」。

　　聽了胡適的課，顧頡剛如同在隧道裡摸索的人突遇一道光，其欣喜之情可想而知，在給葉聖陶的信中，顧頡剛這樣說：「胡適之先生中國哲學今授墨子，甚能發揮大義……我以為中國哲學當為有系統的研究……意欲上呈校長，請胡先生以西洋哲學之律令，為中國哲學施條貫。胡先生人甚聰穎，又

第六章　胡適與弟子

肯用功,聞年方二十七歲,其名位不必論,其奮勉則至可敬也,將來造就,未可限量。」

在給妻子的信裡,顧頡剛吐露了他對胡適的「羨慕」:「我看著適之先生,對他真羨慕,對我真慚愧!他思想既清楚,又很深銳;雖是出洋學生,而對於中國學問,比老師、宿儒還有把握;很雜亂的一堆資料,卻能給他找出綱領來;他又膽大,敢作敢為。我只羨慕他這些,不羨慕他的有名。想想他只大得我三歲,為什麼我不能及他?不覺得自己一陣陣地傷感。」

正如顧頡剛女兒顧潮說的那樣,顧頡剛的學問是與胡適密切相連的。民國九年秋天,亞東圖書館出版新式標點本《水滸》,上面有胡適寫的長序。顧頡剛讀了序,大有啟發,說:「我真想不到一部小說中的著作和版本的問題會這樣複雜,它所本的故事的來歷和演變又有這許多的層次,若不經他的考證,這件故事的變遷狀況只在若有若無之間,我們便會因它的模糊而猜想其簡單,哪能知道得如此清楚。」

胡適的長序彷彿開了顧頡剛的天眼,他突然開竅:用老師的研究方法,不是可以梳理很多從遠古一路流傳下來的故事嗎?比如莊子「鼓盆而歌」的故事,比如《列女傳》裡的故事等等,他想,「若能像適之先生考《水滸》故事一般,把這些層次尋究了出來,更加以有條不紊地貫穿,看他們是怎樣地變化的,豈不是一件最有趣味的工作。」

同時,顧頡剛又想起胡適在《建設》上發表的辯論井田的文字,方法正和《水滸》的考證一樣,他瞬時又明白了另一個道理:「研究古史也盡可以應用研究故事的方法」。

顧頡剛以前是個戲迷,看戲時曾有過種種困惑,現在在胡適文章的啟發下,這些困惑一一冰釋:

我們用了史實的眼光去看,實是無一處不謬;但若用了故事的眼光看時,便無一處不合了。又如戲中人的好壞是最容易知道的,因為只要看他們的臉子和鼻子就行;然實際上要把自己的親戚朋友分出好壞來便極困難,因為一個人絕不會全好或全壞;只有從古書中分別好人壞人卻和看戲一樣的容易,

因為它是處處從好壞上著眼描寫的。它把世界上的人物統分成幾種格式，因此只看見人的格式而看不見人的個性。……我們只要用了角色的眼光去看古史中的人物，便可以明白堯、舜們和桀、紂們所以成了兩極端的品性，做出兩極端的行為的緣故，也就可以領略他們所受的頌譽和詆毀的積累的層次。只因我觸了這一個機，所以驟然得到一種新的眼光，對於古史有了特殊的了解。

沒有胡適的言傳身教，顧頡剛哪裡會獲得「新的眼光」，哪裡會對古史「有了特殊的了解」？而沒有了「新的眼光」，讀書獲得的資料只能是散兵游勇，成不了氣候，有了「新的眼光」，你就可以運籌帷幄，把書本裡的資料組成「正規軍」，能攻善戰，攻無不克。

有段時期，顧頡剛手頭緊，胡適安排他標點《古今偽書考》，讓他得到一點報酬。標點這本書，本該幾天可以完工，但顧頡剛辦事很認真，事事求完美，他在給該書作注時想把書中所徵引的書都註明出處、版本，也要把書中所涉及的人物生卒年及籍貫等一一標出，這樣一來工作量就非常大。結果，為了做一個完備的注釋，顧頡剛幾乎翻遍了北大圖書館。一兩個月下來，注釋還未做完，但卻把古人造偽和辨偽的事弄清了。於是，他告訴胡適，想把前人的辨偽情況算一個總帳，建議編輯《辨偽叢刊》。胡適自然很高興，這比標點一本書的意義大多了。更重要的是，透過標點這本書，透過編輯《辨偽叢刊》，顧頡剛的學問大有長進。

顧頡剛的勤奮認真令胡適大為賞識，他後來在一篇文章中，對顧頡剛的此次行為大加讚賞：

至於動手標點，動手翻字典，動手查書，都是極要緊的讀書祕訣，諸位千萬不要輕輕放過。其中自己動手翻書一項尤為要緊。我記得前幾年我曾勸顧頡剛先生標點姚際恆的《古今偽書考》。當初我知道他的生活困難，希望他標點一部書付印，賣幾個錢。那部書是很薄的一本，我以為他一兩個星期就可以標點完了。哪知顧先生一去半年，還不曾交卷。原來他於每條引的書，都去翻查原書，仔細校對，註明出處、註明原書卷第、註明刪節之處。他動手半年之後，來對我說，《古今偽書考》不必付印了，他現在要編輯一部疑

第六章　胡適與弟子

古的叢書，叫做「辨偽叢刊」。我很贊成他這個計畫，讓他去動手。他動手了一兩年之後，更進步了。又超過那「辨偽叢刊」的計畫了，他要自己創作了。……顧先生將來在中國史學界的貢獻一定不可限量，但我們要知道他成功的最大原因是他手到的工夫勤而且精。

顧頡剛的成功固然與他「手到的工夫勤而且精」有關，但胡適讓他去標點古史也為他的成功提供了一個重要的契機。事實上，顧頡剛人生中的幾次重要的改變命運的契機都是胡適提供的。

一九二二年，顧頡剛由於祖母病重，請假回家，經濟上一下失去了來源，胡適便介紹他為商務印書館編纂初中本《國史》教科書，預支酬金每月五十元，以解決生計。為了編好這套書，顧頡剛決定把《詩經》、《尚書》、《論語》中的上古史傳說整理出來，先作一篇《最早的上古史的傳說》。他把這三部書裡的古史觀念細細比較，忽然發現了堯舜禹的地位存在很大的問題。排在末位的禹早在西周就有了，而排位靠前的堯舜到了春秋末年才有的。也就是說，傳說人物愈是後來出現的，其輩分愈靠前。比如伏羲神農在史書上比堯舜出現得晚，但卻是堯舜的前輩。至此，顧頡剛以前看戲時種種凌亂的思緒，看胡適論文時所受到的種種啟發，統統被照亮，在那一瞬間，他認為他看出了史書的奧祕：「古史是層累地造成的，發生次序和排列系統恰是相反的。」

我們知道，顧頡剛的這一假設是他對史學的重要貢獻。胡適推薦顧頡剛編纂國中歷史教科書，本想解決顧頡剛生活上的燃眉之急，沒想到卻促使他在學業上的飛躍。顧頡剛的認真、敏銳固然可貴，而胡適的促成之功也不能埋沒。

一九二三年，胡適因患痔瘡在上海治療。當時，胡適在北京主編兩種報紙：一、《努力》，是發表政論的，一週出一期；二、《讀書雜誌》，是發表學術性論文的，一月出一張，附在《努力》裡發行。胡適到上海後，政論性文字有高一涵、張慰慈等替他寫，學術性文章卻無人代筆。恰好在上海，胡適看到顧頡剛，就請顧來寫學術文章。顧頡剛一口答應，當時他手頭正好有一篇文字是和錢玄同討論古史的，就將這篇題為《與錢玄同先生論古史書》

發表於《讀書雜誌》第九期上。在這篇文章裡，顧頡剛第一次公開提出「層累地造成的中國古史」的觀點，認為：

第一、時代愈後，傳說的古史期愈長。

第二、時代愈後，傳說中的中心人物愈放愈大。

第三、我們雖不能知道某一件事的真確狀況，但可以知道某一件事在傳說中的最早狀況。

這一觀點的提出，如同在史學界引爆了一個炸彈，一時間，眾說紛紜，一片譁然。多數人罵，少數人贊成。在這關鍵時刻，胡適撰文支持顧頡剛。在文章裡，胡適對顧頡剛的觀點給予了高度的評價：「頡剛的『層累地造成的中國古史』，一個中心學說已替中國史學界開了一個新紀元。」胡適此言一出，顧頡剛在史學界的地位便固若金湯了，批評聲就像遠去濤聲，終於銷聲匿跡。

顧頡剛像孕婦，肚子裡學問的「胎兒」甫一成形，胡適總能適時地給顧頡剛打上一劑催產針，彷彿，這邊「珠胎」剛「結」，那邊已心有靈犀。另外，在顧頡剛「臨盆」時，胡適還不辭辛苦充當「助產士」的角色，從而讓嬌嫩的「胎兒」順利出世，健康成長。當初在課堂上，胡適給顧頡剛播下知識的種子，後來在社會上，胡適又幫他「產」下學問的「胎兒」。胡適對顧頡剛可謂恩重如山。

顧頡剛生活遭遇青黃不接時，是胡適及時伸出援助之手；學業上陷入山窮水盡時，是胡適及時地指點迷津，遇上這樣的老師，是顧頡剛一生最大的幸事。

▌論人須持平

我們知道，胡適是蘇雪林的大學老師，且蘇雪林對這位老師十分崇敬。在一篇文章裡，蘇雪林寫道：

我之崇敬胡先生並不完全由於同鄉關係，所以這一層可以撇開不談。

第六章　胡適與弟子

說到師生關係，也很淺。我只受過胡先生一年的教誨。那便是民國八年秋，我升學北京女子高等師範國文系的事。胡先生在我們班上教中國哲學，用的課本便是他寫的那本《中國哲學史》上卷。……他那時聲名正盛，每逢他來上課，別班同學有許多來旁聽，連我們的監學、舍監及其他女職員都端只凳子坐在後面。

一間教室容納不下，將毗連圖書室的門打開，黑壓壓的一堂人，鴉雀無聲，聚精會神，傾聽這位大師沉著有力、音節則潺潺如清泉、非常悅耳的演講，有時說句幽默的話，風趣橫生，引起全堂譁然一笑，但立刻又沉寂下去，誰都不忍忽略胡先生的隻字片語。因為聽胡先生講話，不但是心靈莫大的享受，也是耳朵莫大的享受。

當時的胡適，是留洋博士、北大名師，光彩照人，聲名顯赫，他在蘇雪林心目中的形象堪稱完美。並且，胡適對蘇雪林（當時還叫蘇梅）也青睞有加，曾拍案而起仗義執言幫她打贏了平生第一次筆仗。

一九二一年，還是女高師二年級學生的蘇雪林在《女子週刊》發表了一篇文章，狠批北大學生謝楚楨的《白話詩研究集》，由於蘇雪林此文「文字厲害得像刀劍一般犀利」，引起了謝楚楨支持者們的極為憤慨。有位支持者化名「右」寫了篇《嗚呼蘇梅》刊發在《京報》上，此文語言同樣犀利無比，刺得蘇雪林不敢作聲。後有人指出，「右」即該書編輯之一易家鉞，隨即又有八位京城名流在《京報》刊發《啟示》為易家鉞開脫。胡適看到了這則啟示，很不滿，就也給《晨報》寫了《啟示》，要求這八位名流拿出否定作者是易家鉞的證據。胡適這則《啟示》刊出後，同情支持蘇雪林的文章多了起來，易家鉞在京城待不下去，只得去了上海。胡適的一則《啟示》，就四兩撥千斤讓蘇雪林反敗為勝。

蘇雪林初出道時就得到了胡適的鼎力相助，後來的蘇雪林一直視胡適為恩師，而這位恩師也對這位女弟子關愛有加，每每在關鍵時刻，援之以手。這裡可以舉一個例子。

一九五八年四月，胡適從美國回臺，就任「中研院」院長。一九五九年初，他深感臺灣大專院校教授薪水太低，便與政府相商，設立「長期發展科

學委員會」，給研究科學者以高於教授薪水的津貼，其中有文教組委員十幾個名額。蘇雪林得知此事後，立即給胡適寫信，表示想申請參加文教組的願望，隨信附上近三千字的申報「屈賦研究」的內容提要。胡適看了這份提要，對蘇雪林研究屈賦的方法很不贊成，但他還是幫了蘇雪林的忙，使她的研究員申請批准了。

胡適了解到院中的徐藝書和楊希牧兩位老先生贊成蘇雪林的屈賦新說後，就把她的論文《〈天問〉疏證》交給他倆審閱，不久她的研究員申請批准了。胡適後來曾對蘇雪林的一位朋友說，徐、楊二人對蘇雪林非常同情，非他二人審閱，恐難得以透過。蘇雪林因此明白：胡適雖然不贊成她研究屈賦的路徑，但還是對她表示出了同情和偏袒之心。

一般來說，胡適是不徇私情的，可這一回，因為同情蘇雪林淒涼的晚景，他很是費了一番心思。

由於蘇雪林一直過著獨身的淒苦生活，胡適對她因同情而特別關照。不過，生活上可以特殊照顧，學術要求卻容不得絲毫含糊。

當蘇雪林想研究屈賦時，胡適要求她必須按照王靜安的嚴謹方法來研究。蘇雪林研究《紅樓夢》的論文，在胡適看來也是錯漏百出，不堪卒讀。胡適便在信裡指出：「你依據那部趕忙抄寫賣錢而絕未經校勘修改的《庚辰脂硯齋評本》，就下了許多嚴厲的批評——我覺得是最不幸的事。曹雪芹殘稿的壞抄本，是只可以供我們考據家作『本子』比勘的資料，不是供我們文學批評眼光來批評詛罵的。我們看了這種殘稿劣抄，只應該哀憐曹雪芹的大不幸，他的殘稿裡無數小疵病，都只應該引起素來富有同情心的無限悲哀。雪林，我的話沒錯吧！你沒有做過比勘本子的功夫，你就不適宜做這種文字，你哪有資格說這樣武斷的話？我勸你不要輕易寫談《紅樓夢》的文字了。你就聽老師的好心話吧！」

為了讓蘇雪林接受自己的建議，胡適不惜採取哀求的語調，可謂苦口婆心到了極點。蘇雪林知道胡適說這番話確實是為她好，最終接受了老師的批評，放棄了對《紅樓夢》的研究。

第六章　胡適與弟子

蘇雪林對魯迅有過非常刻薄的批評，罵魯迅是「誠玷汙士林之衣冠敗類，二十四史《儒林傳》所無之奸惡小人」，胡適知道後，對蘇雪林提出嚴肅的批評，斥責她此語「尤不成話」，並指出：「此是舊文字的惡腔調，我們應該深戒。」為了說服蘇雪林，胡適又說了下面一番語重心長的話：

凡論一人，總須持平，愛而知其惡，惡而知其美，方是持平。魯迅自有他的長處。如他的早年文學作品，如他的小說史研究，皆是上等工作。通伯先生當日誤信一個小人張鳳舉之言，說魯迅小說史是抄襲鹽谷溫的，就使魯迅終身不忘此仇恨！現今鹽谷溫的文學史已由孫俍工譯出了，其書是未見我和魯迅之小說研究以前的作品，其考據部分淺陋可笑。說魯迅抄鹽谷溫，真是萬分的冤枉。鹽谷一案，我們應該為魯迅洗刷明白。最好由通伯先生寫一篇短文，此是「gentleman」（紳士）的臭架子，值得擺的。如此立論，然後能使敵黨俯首心服。此段似是責備你，但出於敬愛之私，想能蒙原諒。

蘇雪林一直把胡適視為恩人，視為命中貴人，久而久之，這個命中貴人就演變成了聖人：

我對於當代學人，其該欽敬者我亦予以適當的欽敬，對於胡大師竟由欽敬而至於崇拜的地步，常稱他為「現代聖人」，其實胡氏生前，他的朋友及學生便背地裡喊他為「胡聖人」了。我們中國人把聖字看得太重大，只有孔子一人稱為「大成至聖」，孟子只好稱為「亞聖」。……我以為程張朱陸及王陽明是可以稱為聖人的，稱胡適之先生為聖也是絲毫不嫌其過分的。

稱胡適為聖人，當然有些言過其實，但卻充分表明在蘇雪林心目中，胡適占據著怎樣高的位置。到了晚年，蘇雪林對胡適的敬仰與愛戴之情愈來愈深厚，她下面這段話就是明證：

我對胡先生的尊崇敬仰，真是老而彌篤。記得去秋在南港胡先生第二次請我吃飯時，我坐在他客廳裡，對著胡先生，受寵若驚之餘，竟有一種疑幻疑真的感覺。孔子、朱熹、王陽明往矣，蘇格拉底、柏拉圖、亞里斯多德及歷代若干有名哲人、學者也都不可再見，而我現在竟能和與那些古人同樣偉大的人，共坐一堂，親炙他的言論風采，豈非太幸運了嗎？

我相信，某種程度上蘇雪林這番話道出了胡適弟子的共同心聲。

如何讓文章進步

季羨林先生曾說過這樣一番話：「積八十年之經驗，我認為，一個人生在世間，如果想有所成就，必須具備三個條件：才能、勤奮、機遇。」對於「機遇」，季羨林的理解如下：「機遇的內涵是十分複雜的，我只談其中恩師一項。」也就是說，遇到恩師乃人生的重要機遇之一。這樣的機遇，紅學家周汝昌趕上了，在他求學期間，有幸與胡適結下奇緣，無意間成為胡適在大陸的「關門弟子」，如果不是胡適將價值連城的海內孤本──脂批本《紅樓夢》慨然相借，如果不是胡適動用自己的特殊關係為周汝昌蒐羅各種祕笈，周汝昌是不可能登上「紅學」的堂奧的，甚至與「紅學」擦肩而過也有可能，因為以他的家境，實在沒有研究《紅樓夢》的條件。

周汝昌的四哥也喜歡讀書，一次他翻閱亞東圖書館排印的《紅樓夢》，讀了卷前胡適寫的考證文章，大有興趣，就給正在北京燕大讀書的周汝昌寫信說，由於胡適先生得到敦誠的《四松堂集》，人們才對曹雪芹其人其事有了了解，而敦敏的《懋齋詩鈔》，坊間一直尋不到，你在京中，不妨一試，找到這本書，或許對曹雪芹的了解就更清楚了。沒想到燕大圖書館藏書極富，周汝昌抱著試試看的心情一找便得。他根據這本《懋齋詩鈔》寫了一篇考證小品，發表在《天津民國日報》的《圖書》副刊版上。胡適讀了這篇小品，給籍籍無名的周汝昌寫了封信，信中頗多鼓勵褒揚之語。胡適此舉足見他對人才的愛惜和對青年學子的關切。

汝昌先生：

在《民國日報‧圖書》副刊裡得讀大作《曹雪芹生卒年》，我很高興。《懋齋詩鈔》的發現，是先生的大貢獻。先生推定《東皋集》的編年次序，我很贊同。《紅樓夢》的史料添了六首詩，最可慶幸。先生推測雪芹大概死在癸未除夕，我很同意。敦誠的甲申輓詩，得敦敏吊詩互證，大概沒有大疑問了……

第六章　胡適與弟子

匆匆問好。

胡適

民卅六、十二、七

收到胡適平易近人、謙遜坦誠的信，周汝昌感動、興奮之餘也滋生了「得隴望蜀」的念頭：為鑽研紅學，進一步向胡適求教求助。研究《紅樓夢》，要翻閱大量的稀有書籍，而周汝昌作為一名在校學生，查閱這些書，談何容易，無奈之下，他寄希望於胡適：

研究清代史籍一難；研考八旗文士二難；研考並非高官盛譽的「下層」的文士，無人知重，絕少記載，則難上之尤難。我沒辦法，沒良策，便想求助於胡先生——以為他定然交遊廣，品位高，在我想來老北平又是文人薈萃之區，私人藏書家該是不乏其人。我想懇請他「汲引」，輾轉求情——借書不同於乞求「借鈔」，其事不同於謀財求利，或者會有仁人君子慨然大啟庫齋。

在信中，周汝昌還大著膽子向胡適借閱他所收藏的海內孤本脂批本《紅樓夢》：

資料的來源，不外清初詩文集、史乘筆記、曹氏自己著作三者。我已請求趙斐雲先生幫忙我，向富藏清初集子或筆記的名家借閱。清初集子我翻了不少，資料也多，只是還有些集子，明知其中必有資料而只是尋不到的。先生如有藏書友好，亦乞介紹，此其一。

其二，曹寅的集子我只見了詩鈔六卷，是最早刊本。先生舊曾借到詩文詞並別鈔全集，這個我必須一看。先生還能從天津或北平替我代借一下嗎？

其三，要輪到先生自己頭上。先生所藏脂批本上的批語，我要全看一下。《四松堂集》稿本，我更須要檢索一番。這都是海內孤本，稀世之寶，未知先生肯以道義之交不吝借我一用否？

寄出這封信，周汝昌的心情是忐忑不安的，畢竟，他和胡適素昧平生，他有何資格向對方提出這一連串的要求呢？且向對方借「海內孤本」更屬不情之請。倘若胡適一口回絕，也算再自然不過的事。

不久，胡適主動約周汝昌見一次面。原來，胡適在信中了解到周是一個好學的青年，但也有過於自信、固執的缺點，就想利用面談的機會委婉提及這點。

和周汝昌面談時，胡適首先肯定，發現《懋齋詩鈔》，是一大功績，其次表明他不同意周汝昌對曹雪芹生卒年的考證。隨後，他委婉地提出，做學問要虛心求證，不宜固執己見。最後，他鼓勵周將考證《紅樓夢》的工作繼續下去，並慷慨答應借出價值連城的脂批本。周汝昌辭別前，胡適還隨手從書架上取下一本《胡適論學近著》送給周汝昌，說有空不妨翻翻，有什麼感想可來信談談。

胡適平易的態度、溫和的教誨、慷慨的行為，讓周汝昌終生難忘。在後來給胡適的信裡，他表示了這樣的崇敬之情：

適之前輩先生賜鑒：

前造謁，蒙不棄款談，並慨然將極珍罕的書拿出，交與一個初次會面陌生的青年人，憑他攜去。我覺得這樣的事，旁人不是都能作得來的。此匆匆數分鐘間與先生一面，使我感到欣幸光寵；歸來後更是有許多感慨，這個複雜的情緒，不是幾個字所能表達。

由於脂批本《紅樓夢》非常珍貴，且紙張已有些黃脆，周汝昌怕損壞不敢多翻，於是決定錄一個副本。但由於當時正值暑假他住在鄉下，時間緊迫，來不及請示胡適，只得「先斬後奏」了。開學回校後，他給胡適寫了封請罪信：

適之前輩先生：

……七日我又回到校中了，最引以為慰的事是甲戌珍本又隨我平安回來了。自借得以後，我便時時怕有閃錯，那時沒法見您的面。不過有兩點我必須先向您請罪：

第六章　胡適與弟子

一、《論學近著》原來很新，經一暑期三人閱讀（我的兩個長兄也十分愛看您的書），卻已變舊了。但只是封面。我很後悔自始不先包一個書皮，那硬面看去很堅固，但脊側卻禁不得翻弄。

二、脂本是毫無零損，新整如故的，我心裡還稍舒服些；可是我們未曾徵求先生同意，便錄出一個副本來。緣故固然是由於第一我們太喜愛太需要這本子了；但第二實亦因為原本過於珍貴，紙已黃脆，實實不忍看他經過翻弄而受損害。我們雖然加了十二分小心，但多翻一次便眼看著他多一次危險；若要充分利用而又同時珍惜這本子，唯一的辦法便是錄副。若是先寫信徵求先生同意，往返耽擱，我暑假滿後一來平，這件事便沒法辦了。我四兄在家，一手抄錄，專人之力，一心不二用，整整兩月才完工。這真是把握千載難逢的良機，稍一猶疑，立失交臂了！有了副本，原本才遭受了最低限度的翻弄。我們的冒昧是不待言的，苦心也用得不小，現在特向先生聲明，或者能深諒下衷而不怪責。……

胡適收到這封信，沒有怪罪周汝昌的冒昧行為，反而很高興，在回信中誇讚了他的做法：

汝昌先生：

……我讀你信上說的你們弟兄費了整整兩個月的工夫，抄完了這個脂批甲戌本，使這個天地間僅存的殘本有個第二本，我真覺得十分高興！這是一件大功勞！將來你把這副本給我看時，我一定要寫一篇題記。這個副本當然是你們兄弟的藏書。我自己的那一部原本，將來也是要歸公家收藏的。

《論學近著》，給你們兄弟們翻舊了，我聽了也感覺高興。……

從信中可看出，胡適早知道學術乃天下之公器。愈是孤本，愈是要讓更多的人看到，這樣才能最大限度發揮它的價值。曾有傳言說胡適透過壟斷資料的方式來做學問，這顯然是不實之詞，周汝昌所錄的副本就是明證，而後來，胡適把價值連城的原本也捐了出去。

周汝昌勤奮好學，是塊做學問的料，但人無完人，前文曾提過他有固執、過於自信的缺點。所以胡適不厭其煩在信中勸他要虛心，要撇開成見。為了

不挫傷年輕人的積極性，胡適在批評周汝昌時總是輕描淡寫點到為止。可周汝昌還有一個毛病，喜歡文言文，反對白話文。作為一個年輕人，這思想委實有點落伍。一次，周汝昌在信中，竟說胡適提倡白話文是個「大偏見」，並說把《紅樓夢》列入《白話文學史》是胡適的一廂情願，因為「曹雪芹當日並不曾想把《紅樓夢》列入《白話文學史》中！」

周汝昌這次的信口開河惹惱了胡適，他沒想到一個年輕人頭腦會如此守舊頑固，一氣之下，胡適在來信中打了個大大的叉，然後又寫了一封信對周的觀點進行批駁，口氣嚴厲，言辭激烈。信寫完，胡適又有點後悔了，他想年輕人犯錯在所難免，如此激烈地批評他，恐怕會給對方造成不小的傷害，於是他又寫了封口氣委婉的信，對前一封信中的「火氣」做了解釋，並勸慰對方不要生氣。

當週汝昌同時接到語氣截然不同的兩封信，頓時明白了老師的良苦用心，不禁感慨道：「人的心地心田，各有不同。我平生所遇仁厚長者也不少，但是能像胡先生這樣寬厚而又體恤一名青年的事例，實在想不出還有他例了。今在此衷心謝罪，自悔為人行文，萬不可輕薄儇佻，那是不道德不文明的。」自此，周汝昌放棄了寫文言文的陋習，而是牢記胡適的忠告：「你的古文功夫太淺，切不可寫文言文。你應當努力寫白話文，力求潔淨，力避拖沓，文章才可以有進步。」

正是在胡適的耐心教導下，周汝昌才漸漸找到了寫作的竅門，才摸到了做學問的路徑。

中華人民共和國成立後，大陸曾發動全國範圍的批胡適運動，和胡適有過交往的人，為了自保不得不撰文批判胡適，周汝昌也別無選擇。不過，旅居海外的胡適，完全理解周汝昌身不由己的處境，那些雖充滿火藥味卻言不由衷的文字，沒能讓胡適改變對周汝昌的印象。當週汝昌的著作《〈紅樓夢〉新證》出版後，胡適非常高興，在給朋友的信裡，把周汝昌大大表揚了一番：

關於周汝昌，我要替他說一句話。他是我在大陸上最後收到的一個「徒弟」——他的書絕不是「清算胡適思想的工具」。他在形式上不能不寫幾句

第六章　胡適與弟子

罵我的話,但在他的《新證》裡有許多向我道謝的話,別人看不出,我看了當然明白的。……

汝昌的書,有許多可批評的地方,但他的功力真可佩服,可以算是我的一個好徒弟。

另外,胡適還買了多部《〈紅樓夢〉新證》分贈好友,並四處推薦,誇讚這是一部好書。弟子學問上有長進,胡適是打心眼裡高興,所以四處傳播,唯恐天下人不知,其興奮與喜悅之心溢於言表。

「平生不解藏人善,到處逢人說項斯」,胡適有這樣的美德。

第七章　趙元任與弟子

一九一〇年，趙元任與胡適都參加了第二次庚子賠款留學美國的入學考試，那次共有七十名學生被錄取，趙元任、胡適榜上有名。名列第二的趙元任，成績遠遠高於第五十五位的胡適。

趙元任與胡適都選擇了康乃爾大學，胡適就讀於農學系，趙元任則主修數學。讀書期間，趙元任和胡適等留美同學共同發起了「科學社」，並創辦了《科學》雜誌，其宗旨是「提倡科學，鼓吹實業，審定名詞，傳播知識」。趙元任還和胡適合作創作了「科學社」社歌，胡適作詞，趙元任作曲：

中國科學社社歌

我們不崇拜自然——他是個刁鑽古怪。

我們要捶他煮他，要逼他守我們的教戒。

我們叫電氣推車，我們叫乙太送信。

叫大自然服從命令，才算是堂堂地做個人。

我們唱天行有常，我們唱致知窮理。

怕什麼真理無窮，進一寸有一寸的歡喜。

在康乃爾大學讀書時，趙元任表現出色。《胡適日記》記載，趙元任與胡達同時獲得兩種榮譽學會會員：

Sigma Xi 名譽學會，乃大學中之科學榮譽學會。此次六十七人，吾國學生四人得與焉。此四人者：黃伯芹（地學）；趙元任（物理）；胡達（數學）；金邦正（農科）。此四人中之胡趙二君，均曾得 PhiBeta Kappa 會之榮譽。此二種榮譽，雖在美國學生亦不易同時得之，二君成績之優，誠足為吾國學生界光寵也。

胡適認為，在同批赴美的留學生中，趙元任天分最高。

第七章　趙元任與弟子

一九一五年冬，胡適去康橋（Cambridge），和住在那裡的趙元任暢談幾日，臨別時，胡適送對方一幅小照，還寫了一段話，貼在照片的背面：

每與人平論留美人物，輒推常州趙君元任為第一。此君與余同為賠款學生之第二次遣送來美者，畢業於康南耳，今居哈佛，治哲學、物理、算數，皆精。以其餘力旁及語學、音樂，皆有所成就。其人深思好學，心細密而行篤實，和藹可親。以學以行，兩無其儔，他日所成，未可限量也。

趙元任喜歡邊走路邊思考，有時遇見熟人也忘了打招呼，像個心不在焉的「教授」，二十出頭便獲得一個綽號：「教授」。

一九一八年七月十日至二十四日，趙元任獨自外出遊玩，肩上扛根拐杖，拐杖上掛著包袱，邊走邊想問題，彷彿若有所思的「流浪漢」。一天走到一個人煙稀少的地方，無處購買食物，只得叩門求助。主婦待人熱情，贈麵包、火腿、水果、牛奶。食後付款，主婦不收。最終在趙元任的堅持下，主婦只象徵性地收了一點錢，表示不是對流浪漢的施捨。

一九四〇年，趙元任到紐約為中華賑濟聯合會做有關中華文化的演講。那天大雪紛飛，但趙元任對這條路很熟，照開不誤，勇往直前。行至半道，趙元任想起講稿未帶，又掉頭開回住處。因時間關係，只得改乘火車去紐約。後來他聽說那天雪愈下愈大，不少汽車陷在雪地裡動彈不得，便慶幸地說：「有時做一個心不在焉的教授也是有好處的。」

一九一九年六月，趙元任在康乃爾大學任教，這段經歷讓他得出結論：「教書很適合我，我也很適合教書。」自此，趙元任開始了長達六十年的教學生涯。

一九二〇年，在清華教物理和心理學；

一九二一至一九二四年，在哈佛教哲學和中國語言；

一九二五至一九二九年，任清華國學院國學導師；

一九二九至一九三八年，任中研院歷史語言研究所語言組主任；

一九三八至一九四一年，在美國耶魯大學做訪問教授。

一九四一年，先在美國語言學會語言學暑期講習班任教，後在哈佛燕京學社任《漢英大詞典》編輯。

一九四三至一九四四年任哈佛大學的美國海外語言特訓班中文主任；

一九四六至一九四七年任密西根大學語言研究所教授；

一九四七年任美國加州大學教授直至退休。

一九八一年，趙元任回國，北京大學授予他名譽教授稱號。

趙元任的弟子遍布世界各地，用「桃李遍天下」來形容可謂十分貼切。任教清華國學院，趙元任培養出了王力這樣的著名學者；擔任史語所主任，培養出了著名的「趙門四進士」：丁聲樹、吳宗濟、楊時逢、董同龢。

趙元任教導弟子要踏實用功，不要誇誇其談。

一次在回國的船上，趙元任與一個留學生作了簡短的交談。後來有人問他對這個學生的印象，趙元任答：「這個學生平淡無奇。因為他喜歡把『我熱愛中國』、『愛國主義』、『民族榮譽』、『服務』、『犧牲』、『合作』、『相互幫助』、『友誼』一類的詞掛在嘴邊，這說明他喜空談不務實。這些陳詞濫調讓我起雞皮疙瘩。而實質性的問題他卻不提，比如學到了什麼真正本領。」

君子敏於行，訥於言。趙元任對弟子也作這樣的要求。

趙元任記憶力驚人，上課時往往不帶書，只憑記憶侃侃而談。久而久之，他獲得外號「不帶書的怪先生」。趙元任是段子高手。他在課堂上自創的段子給學生留下深刻印象，一次他分析語言與事物的約定俗成關係時，說：「從前有個老太婆，初次跟外國人有點接觸，她就稀奇得簡直不相信。她說，外國人說話真怪，明明是五個，法國人偏偏說是三個（cinq）；明明是十，日本人偏說是九；明明是水，英國人偏偏要說是窩頭（water）。」

第七章　趙元任與弟子

▎未曾謀面已是師

　　一九二二年，商務印書館出版了趙元任翻譯的《阿麗絲漫遊奇境記》。語言學家陳原小時候被這本書迷住了。那時候，他當然不知道趙元任是誰，但對這本書卻愛不釋手。在他眼中，這本書情節跌宕起伏，語言出神入化，沒有任何一本童話書能與其媲美。

　　陳原是廣東人，長大後要學國語，便拜趙元任的《國語留聲片課本》為師，如果沒有這本書，陳原的一口廣東話自然會限制他事業的發展。

　　二十出頭的年輕人，朝氣蓬勃，激情滿懷，喜歡大聲歌唱。陳原也不例外。青春年少意氣風發的他漸漸喜歡上了音樂，學彈琴學唱歌，組建合唱團，忙得不亦樂乎。這時候的陳原最迷的是劉半農作詞、趙元任作曲的《教我如何不想她》。這首歌的詞曲配合得那麼完美，簡直是「此曲只應天上有，人間哪得幾回聞」。陳原反覆聆聽這首歌，細心揣摩如何讓詞和曲渾然一體。自此，陳原創作音樂就以《教我如何不想她》為最高準則。

　　上世紀三十年代，很多青年熱衷於拉丁化新文字運動。身處其中的陳原又開始研究語音學。趙元任的《比較語音學概要》成了陳原此時的老師。透過這本書，陳原學會了國際音標和一些語音學的基礎知識。他對語言學的熱愛從此一發不可收。

　　四十年代初，拉丁化新文字運動的熱潮逐漸降溫，陳原又致力於文字改革。這時候的他埋頭攻讀的是高本漢的著作《中國音韻學研究》，這本書的譯者還是趙元任。此時的陳原，對趙元任不能不心存感激了，因為他人生的每一次轉向，每一次成長，似乎都與這個人有關，儘管那時的他還無緣和這個蜚聲海內外的著名學者相識。

　　中華人民共和國成立後，陳原本可以毫無顧忌地在語言學領域大幹一場，沒想到卻遭遇「反右」與「文革」。一九七四發動了一場針對《現代漢語詞典》的大批判，陳原首當其衝，被剝奪了工作的機會，不得不「靠邊站」。好在海外友人給他寄來一批語言學著作供他鑽研。陳原最喜歡其中的一本《語言問題》，這本書的著者還是趙元任。陳原感慨：「我又碰到這位趙元任。」

對《語言問題》這本書陳原更是讚不絕口：「《語言問題》這部書，給我打開了語言學的新天地，誘惑我重新鼓起勇氣去鑽研我三十年代醉心過的語言學，並且引導我日後去接觸訊息科學。」而他也不無遺憾地嘆息：「此時，直到此時，我還沒有見過從少年時代起就彷彿注視著我走路的老師——趙元任！」

一九七三年趙元任回國，曾託人給陳原捎來一部英文著作。那時的陳原還在「改造」中，沒有資格拜見心中一直景仰的老師。

一九八一年，年過八旬的趙元任再次回國。這一次，陳原終於可以一償心願，恭恭敬敬給老師行弟子禮了。陳原對老師西裝口袋插著一排四管螢光筆印象深刻，他想：「這四管螢光筆象徵著這位老學者是如何隨時隨地用功啊！」

陳原沒有聽過趙元任的一堂課，但早就自認為是趙元任的私塾弟子。是趙元任的譯著激發了他對語言學的興趣，又是趙元任的一系列專著「手把手」領他步入語言學曲折幽深的天地。從這個角度說，趙元任是陳原的恩師，一點也不為過。

著名學者楊聯陞並非胡適弟子，但曾「偷聽」過胡適的課，且一直對胡適執弟子禮甚恭。胡適和他交往密切，還贈詩如下：「喜見新黃到嫩絲，懸知濃綠傍堤垂。雖然不是家園柳，一樣風流繫我思。」

對陳原這樣並非「家園柳」的弟子，趙元任想必也有這樣的深情。

▍終生受用的一句話

著名語言學家王力先生幼年時家境貧寒，小學畢業後就被迫輟學。經過幾年的自學，王力學業上有了很大長進，便當了私塾老師。

一個偶然的機會，他在自己學生家裡看到十四箱書胡亂堆放在一間廢棄的空房裡。一打聽，才知道這十四箱書是學生的祖父生前所藏。祖父去世後，後代中沒有做學問的，書就堆在這裡不見天日了。看到王力戀戀不捨的樣子，學生家長慷慨地對他說：「你想讀，就乾脆搬回去吧，放在這裡，遲早也會

第七章　趙元任與弟子

被蟲蛀了。」王力大喜過望，將書搬回家。為了盡快讀完這十四箱書，王力索性將教職辭了，專心苦讀。

不久，在朋友的資助下，王力得以去上海南方大學深造。一九二六年，清華國學院招收三十二名研究生，剛讀大二的王力決定報考。因為有十四箱古書墊底，王力順利答完試題，終以高分上榜。

清華國學院的四大導師均是蜚聲中外的文化大師：陳寅恪、梁啟超、王國維、趙元任。在他們的悉心指導下，王力的學業突飛猛進，日新月異。

王國維上課時經常會說「我不懂」，開始王力對此不解，他想，一個老師怎麼能說自己不懂呢？後來，他漸漸明白，王國維說他「不懂」，恰恰表明了他對學問的謹嚴的態度，所謂「知之為知之，不知為不知，是知也」。並且，王國維說自己「不懂」的問題，反而會引起王力強烈的興趣，他想，連大師都不懂的問題不是更值得去鑽研嗎？

和王國維有了進一步的交往後王力才知道，王國維說他「不懂」其實是他對那個問題思考得還不十分成熟，不宜過早下結論罷了；另外，王國維這樣說，是激勵學生自己去思考，不要過分依賴老師。

一次閒談中，王國維告訴王力：「我原來愛好文學，後來為什麼研究古文字和歷史呢？因為這是實實在在的東西。你們看，我研究的東西，有誰能提出反對的意見？」

聽了這番話，王力大受啟發，他想，語言學不就是「實實在在的東西」嗎？於是選定語言學作為自己的專業，跟隨趙元任去開啟自己的學術之路。

在清華國學院，趙元任主講音韻學。他的語言天賦在當時的中國幾乎無人能比，不僅熟諳各地方言，而且精通多種外語。他特別勸王力要學好外語：「西方許多科學論著都未譯成中文，不懂外語，就很難接受別人的先進科學。」

當時，只有王力一人選語言學為專業，他和導師趙元任的關係自然較其他導師親了一層。除了在課堂上接受教誨，王力還時常去老師家問學。趙元任夫婦也喜歡王力的誠實、樸拙與勤勉。有時趕上吃飯，師母就對王力說：

「邊吃邊談，不怕你嘴饞。」在老師家，王力學到了許多課堂上學不到的知識。做了老師的「入室弟子」，學問上的「登堂」也就是早晚的事了。

王力的畢業論文是由梁啟超和趙元任共同指導完成的。梁啟超對他的論文評價很高，趙元任則對其論文提出嚴厲的批評：「未熟通某文，斷不可定其無某文法。言有易，言無難！」

梁啟超的激賞讓王力大受鼓舞，信心倍增；趙元任的批評則讓他如履薄冰，戰戰兢兢。兩位導師彷彿約好了一般，一個唱紅臉，一個唱白臉，而這對王力成長卻大有裨益。就像煉鋼，要用烈火燒，也要用冷水淬。

在清華國學院畢業後，王力聽從趙元任的建議赴法留學。其間，王力寫了篇論文《兩粵音說》，經趙元任介紹，發表在《清華學報》上。在論文裡，王力斷言兩粵方言沒有撮口呼。後趙元任去廣州調查，發現廣州有撮口呼，就給遠在法國的王力寫信糾正他的說法，在信裡，趙元任舉了「雪」這個例子。王力收到信後，既愧疚又感動。愧疚的是，老師早就對他說過，「言有易，言無難！」而他再次犯了輕率言無的錯誤；令人感動的是，老師為了核實他論文的說法，竟然在廣州調查了一年。自此，王力把「言有易，言無難！」當作了自己的座右銘，他對別人說：「趙先生這句話，我一輩子受用！」

回顧自己的求學經歷，王力說：「如果說發現十四箱書，是我治學的轉折點，使我懂得了什麼是學問；那麼，研究院的一年，就是我的第二個轉折點，有了名師的指點，我懂得了到底應該怎麼做學問。」

在趙元任眼中，王力有天賦、有幹勁、有耐心，是一塊可貴的「璞」，所以他才高標準嚴要求，一心將「璞」琢成玉。王力赴法留學後，學問不斷精進，趙元任對這個弟子自然愈來愈欣賞，愈來愈器重。有著作問世，即寄贈。一九二八年夏，趙元任將著作《現代吳語研究》，寄給巴黎的王力，扉頁上寫著：「趙元任向你問好。」一九二九年六月，趙元任又從檀香山寄給王力一本法文書《時間與動詞》，扉頁上題詞：「給了一兄看。」一九七五年，趙元任又從美國加州給王力寄去《早年自傳》，扉頁上寫道：「送給了一兄存。」

第七章　趙元任與弟子

一九七一年十月，趙元任八十大壽，很多弟子前去拜壽。趙元任夫人楊步偉對滿屋子的學生感慨：「今天五代同堂，獨缺第二代。」第二代就是王力，當時正在接受「改造」呢！

一九七三年，中美關係改善，趙元任攜夫人回國。他提出要求，想見王力。在周總理的關心、安排下，睽違多年的師徒終於在北京相聚。趙元任在北京逗留時間很短，但王力充分利用這個機會，四次拜訪老師，敘談別情，請教學問。

趙元任回國後，用特製的綠色信封給王力寄來一封短函：

了一兄鑒：

這次回國得機會見面座談，高興得很，就是可惜時間匆促，沒能多談為憾。回來了，雜務紊亂，一時沒有寫信為歉。以後聽說交通比以前要方便一點兒，沒準兒明天又要回來，也許可以多待一忽兒吶。

此上，即頌

近福

趙元任上

內人附筆問好

王力接信後，立即回信：

宣重吾師：

奉讀七月二日手教，非常高興。這次您和師母回國，我能見面四次，重聆教益，實在感到欣幸。特別感到欣慰的是您和師母八十多歲的高齡還是那樣健旺，希望你們長壽百齡，在學術上做出更大貢獻。

我雖然很榮幸能和你們見面四次，仍然感到不滿足，許多學術問題都來不及請教。正如來示所云：「可惜時間匆促，未能多談為憾。」來示講到「沒準兒明天又要回來，也許可以多待一忽兒吶」，那該多好！記得在機場臨別時，我對師母說，希望老師和師母明年再來。我殷切期待著重新歡聚的機會！

謹此布復，並頌

頤安

師母前均此請安

生　王力拜上

一九七三年七月二十七日

一九八一年，趙元任夫婦再次回國。北大為他召開了盛大的歡迎會。校長授予趙先生名譽教授證書，教育部長給趙先生戴上北大校徽。王力致辭表達了對老師的崇高敬意，他說：「趙老是國際著名的語言學家，美國語言學界有句評語：『趙先生永遠不會錯！』他又博學多才，做過數學家、物理學家，精通英、法、德、日多種文字，對哲學方面也有很深的造詣，又是音樂家。他的成就首先是『博』，然後是『約』，值得我們學習。」

那天，趙元任的興致也頗高，唱了那首自己作曲、劉半農作詞的《教我如何不想她》。

趙元任長年旅居美國，但對中國的掛念一日未斷。他自製了一些綠色信封，信封印有全家福，每隔十年會給親友寄這種特製的信。王力收到過兩封。一封寫於一九三八年，當時，王力隨同清華大學輾轉遷徙至雲南昆明。趙元任在信上說，「過了長沙，就沒有馬桶了」，又叮囑王力「昆明海拔高，煮雞蛋要多煮一會兒」。幾句家常話，蘊含著老師對弟子的關愛。另一封是趙元任一九七三年回國後寫給王力的——上面已提及。

一九八二年，趙元任在美國去世。王力在《人民日報》發表文章哀悼恩師。之後，又寫了一首《哭元任師》：

離朱子野遜聰明，曠世奇才絕代英。

提要鉤玄探古韻，鼓琴吹笛譜新聲。

劇憐山水千重隔，不厭軒萬里行。

今後更無青鳥使，望洋遙奠倍傷情。

詩中的「青鳥」，即指那特製的綠色信封。

▍充滿遊戲味的正經話

趙元任聰明、睿智、風趣。他蒐集、自製的一些格言警句，短小精悍，內涵豐富，像橄欖，愈嚼愈有味。

一九二六年，趙元任在《清華週刊》發表了一篇格言體的《語條兒》如下：

笑話笑著說，只有自己笑。

笑話板著臉說，或者人家發笑。

正經話板著臉說，只有自己注意。

正經話笑著說，或者人家也注意。

現在不像從前，怎見得將來總像現在？

要改一個習慣，得拿上次當末次，別同它行再見禮。

節制比禁絕好，禁絕比節制容易。

要做哲學家，須念不是哲學的書。

肚子不痛的人，不記得有個肚子；

國民愛國的國裡，不常有愛國運動。

物質文明高，精神文明未必高；

可是物質文明很低，精神文明也高不到哪兒去。

格言的格子裡，難放得下真理的全部。

沒有預備好「例如」，別先發議論。

凡是帶凡字的話，沒有沒有例外的。

這裡，趙元任最早將「物質文明」與「精神文明」相提並論，且闡釋了兩者關係。

趙元任也曾用英語自製了一些格言，翻譯過來，風味不減，如：

借錢之前，話比蜜甜。

衣著俗豔，荷包扁扁。

你遊蕩，世界清閒；你哭泣，唯你孤單。

以你能接受的方式去求婚，己所不欲，勿施於人。

羞怯是墨守成規的女兒。

人多瞎搗亂，雞多不下蛋。

月亮繞著地球轉，世上萬事不新鮮。

趙元任對語言特別敏感，非常喜歡說雙關語，錯失一語雙關的機會，如同錯失一次豔遇，讓他耿耿於懷。

一次接受訪問，談到小時候的讀書生活，趙元任說：「我很小的時候就開始讀書。讀『四書』的順序一般為《大學》、《中庸》、《論語》和《孟子》。但是我沒有按著這個順序學。實際上，我祖父很早就開始教我們小孩子讀書，最早的是《大學》，然後是《論語》，跳過了《中庸》，因為我們認為這本書真的很『平庸』。」

趙元任是為了「雙關」才這麼說的。真實的情況是：《中庸》這部書很難，只能放在後面讀。

趙元任結婚時曾請了親友，舉辦一次小型宴會。宴會中，一位叔叔擺弄著趙元任的小提琴，動作略嫌粗魯，趙元任便提醒道：「叔叔，你弄斷我的弦啦！」

「斷弦」在中文中指太太去世。在這個場合說這個詞，當然不吉利，但趙元任還是不願放棄這「一語雙關」的機會。

趙元任在柏克萊大學任教期間，有位同事叫勞德拜克（Louderback）。一次，教師聚會，勞德拜克在前排講話，趙元任坐在後排，有人高呼「聲音大一點」。事後，趙元任很後悔，因為他錯失了一次說雙關語的良機。他本

第七章　趙元任與弟子

該這樣說,「聲音大一點,在後面我們聽不到。」(Louder back here; We can't hear you)(注:「聲音大一點」,英文為 Louder,「在後面」英文為 back,連起來即 Louderback,即講話人姓氏。)

不過一九三九年在舊金山舉辦的世界博覽會上,趙元任抓住了一個機會。在無線電訪問中,林克賴特(Linkletter)問:「趙教授,中國有沒有語文拉丁化運動?」趙元任答:「噢。林克賴特先生,二十多年來我一直試圖連接字母(Linkletter)來寫中文。」(注:「連接字母」英文為 Link letter,即訪問者之姓氏)趙元任的機敏博得滿堂喝彩。

趙元任與胡適是「科學社」的發起人,為維持《科學》雜誌,他們這班人不得不節衣縮食,拚命寫稿。

楊杏佛曾寫過一首白話詩《寄胡明復》:

自從老胡去,這城天氣涼。

新屋有風閣,清福過帝王。

境閒心不閒,手忙腳更忙。

為我告「夫子」(趙元任也),《科學》要文章。

趙元任看到此詩,和詩一首:

自從老胡來,此地暖如湯。

《科學》稿已去,「夫子」不敢當。

才完就要做,忙似閻羅王。

幸有「辟克匿」(Picnic),

那是波士頓肯白里奇的社友還可大大的樂一場。

一九三〇年十二月十七日,胡適迎來了四十歲生日。趙元任聯合眾多好友寫了一首賀詩給胡適慶生。這首白話詩,故意模仿胡適的風格,詼諧風趣:

胡適說不要過生日

生日偏偏到了

我們一班愛起鬨的

又來跟你鬧了

今年你有四十了都

天天兒聽見你提倡這樣那樣

覺得你真是有點對了都

你是提倡物質文明的咯

所以我們就來吃你的麵

你是提倡整理國故的咯

所以我們就都進了研究院

你是提倡白話文學咯

我們就囉囉嗦嗦的寫上一大片

我們且別說帶笑帶吵的話

我們也別說胡鬧胡搞的話

我們並不會說很妙很巧的話

我們更不會說「倚少賣老」的話

但說些祝頌你們健康美好的話

這就是送你們一家大大小小的話

適之老大哥嫂夫人，四十雙壽

拜壽的是誰呢？

一個叫劉復，一個叫李濟

一個叫容庚，一個叫趙元任

第七章　趙元任與弟子

一個叫徐中舒，一個叫趙萬里

一個叫顧頡剛，一個叫毛子水

一個叫丁山，一個叫裘善雲

一個叫商承祚，一個叫陳寅恪

一個叫傅斯年，一個叫羅莘田

一個叫唐鉞黃，一個叫李方桂

朱自清說：「全詩的遊戲味也許重些，但說的都是正經話。」

趙元任也用這首白話詩表示對胡適推翻文言推廣白話的肯定和支持。

一九二〇年九月四日，在海外留學的劉半農因思念中國，寫下一首感人的歌《教我如何不想她》：

天上飄著些微雲，

地上吹著些微風。

啊！

微風吹動了我的頭髮，

教我如何不想她？

月光戀愛著海洋，

海洋戀愛著月光。

啊！

這般蜜也似的銀夜。

教我如何不想她？

水面落花慢慢流，

水底魚兒慢慢游。

啊！

燕子你說些什麼話？

教我如何不想她？

枯樹在冷風裡搖，

野火在暮色中燒。

啊！

西天還有些兒殘霞，

教我如何不想她？

這首詩經趙元任譜曲很快流傳大江南北，一直傳唱到現在。

趙元任博學多才、詼諧風趣，這樣的老師，「教我如何不想他」？

第八章　顧頡剛與弟子

第八章　顧頡剛與弟子

　　上世紀三十年代，圍繞顧頡剛形成了一個「古史辨派」。顧頡剛的人馬有三批，燕大歷史系（他任主任）一批，北平研究院（他兼主任）一批，禹貢學會一批（他是《禹貢》主編）。不過，顧頡剛卻坦承自己和另外兩位老闆無法相比。他說：「不少師友以為我有個人野心，想做『學閥』來和別人唱對台戲，於是對我側目而視，我成了眾矢之的。抗戰前，北平流行著一句話：『北平城裡有三個老闆：一個是胡老闆胡適、一個是傅老闆傅斯年、一個是顧老闆顧頡剛。』從形式上看，各擁有一班人馬，好像是勢均力敵的三派。其實，胡適是北大文學院院長，他握有中華教育文化基金董事會（美國庚子賠款），當然有力量網羅許多人；傅斯年是中研院歷史語言研究所所長，他一手抓住美庚款，一手抓住英庚款，可以為所欲為。我呢！只是燕大教授，北平研究院歷史組主任，除了自己薪金外沒有錢，我這個老闆是沒有一點經濟基礎的。」

　　沒有經濟基礎卻能吸引一幫年輕人，是因為顧頡剛特別愛才。只要你有一定的基礎，好學肯幹，「顧老闆」就會慷慨地收你為徒，引導你、鼓勵你、資助你，把你引入一條適合你的學術之路。顧頡剛不但能根據一個學生的天性與特長為他尋找一個適合的領域大顯身手，還會採取種種辦法逼你寫稿、逼你編書，最終逼你成材。

　　作為教師，顧頡剛不喜歡「填鴨式教學」，而喜歡發講義，讓學生做題、討論。他鼓勵學生獨立思考。安排作業，如學生根據老師課堂上講授的內容來回答，他很不滿意。他希望學生提出自己的觀點，敢於提出異議。身為老師，顧頡剛和學生討論學術時，鄭重其事而又平等友好。學生愈是和他唱反調，他討論起來愈是興味盎然。弟子劉起釪證實了這一點：「他的虛心歡迎不同意見，完全出於自然，一點不勉強。連對後學晚輩也這樣。曾有學生在他的感召下勇於提出反對他的意見，他順著學生意見把反對文章修改好，發表出來以反對自己，然後再正面寫出自己意見以共同提高。」

　　劉起釪說：「這是一種對學生更高的要求和更深的教育。」

第八章　顧頡剛與弟子

▍視學生為平等對手

　　顧頡剛在中山大學教書時，一段時間請假回北京，但他依然透過書信，悉心指導學生。

　　關於「古代地理研究」這門課，顧頡剛要學生們把《左傳》、《戰國策》、《史記》三部書中關於地理的部分細看一下。注意其中「疆域」的變化。

　　關於「春秋研究」，顧頡剛要學生們閱讀《公羊傳》、《穀梁傳》、《左傳》，比較它們的異同。

　　關於「孔子研究」，他讓學生翻閱《漢書》、《春秋繁露》、《古微書》、《白虎通德論》，了解孔子是如何成為「偶像」的；再翻看《宋元學案》、《明儒學案》，了解理學家心目中孔子是怎樣一個形象。

　　雖然沒有親自授課，但指導得這麼細，學生只要「按圖索驥」，定然大有斬獲。

　　另外，顧頡剛還把自己在北京寫的兩篇文章寄給學生，讓他們指出其中「不妥不合」：

　　這兩篇文字，自知有許多創見，但也自知有不少潦草的地方。請你們看一遍，如有不妥不合的，請你們老實指出，好讓我將來修改。我的意見如有和你們不合的，我將和你們長時間的討論。研究學問一定要這樣做才可望進步。

　　既然「討論」會讓學問進步，顧頡剛當然重視「討論」。那些敢於和老師討論的學生，往往很快進入他的視野，並在他的指導、督促下，找到學問的門徑，嘗到鑽研的樂趣。

　　一九三〇年秋，譚其驤在燕京大學歷史系讀研究生，選修了顧頡剛「尚書研究」這門課。顧頡剛在講義中認為，《尚書·堯典》寫於西漢武帝之後。論據是，漢武帝時置十三刺史部，其中十二部都以某州為名，自此才有所謂的「十二州」。所以《堯典》中的十二州應源自漢武帝時的制度。

譚其驤根據自己的閱讀，發現講義中的「十三部」不是西漢制度而是東漢制度。一次課後，譚其驤把這一看法告訴了顧頡剛。本來，譚不過是隨口一說，顧頡剛卻相當重視，要他把想法寫出來。譚其驤便查閱了《漢書》、《後漢書》、《晉書》，把自己的看法寫成一封信給了老師。顧頡剛當晚就給弟子回了一封長達六千字的信，有贊成有否定。這封信激發了譚其驤鑽研這一問題的興趣，於是再次寫信和老師商榷，顧頡剛亦再次回函，回答弟子的辯駁。過了幾天，顧頡剛把這四封信放在一起，加了一份說明，發給班上同學，讓眾人參與討論。

這場討論道似尋常卻奇崛。說尋常，因為這不過是課堂上的一次討論而已；說奇崛，是因為討論的雙方身分不同地位懸殊。一個是大名鼎鼎的學界權威，一個是初出茅廬的毛頭小子，但兩人爭論時既據理力爭又惺惺相惜。少年銳氣逼人，老者風度感人。這場討論激發了譚其驤鑽研學問的興趣和熱情，也讓老師顧頡剛從此對他另眼相看青眼有加。晚年的譚其驤回憶這件事依舊情不自禁：

我兩次去信，他兩次回信，都肯定了我一部分意見，又否定了我另一部分意見。同意時就直率承認自己原來的看法錯了，不同意時就詳盡地陳述自己的論據，指出我的錯誤。信中的措辭是那麼謙虛誠懇，絕不以權威自居，完全把我當作一個平等的討論對手看待。這是何等真摯動人的氣度！他不僅對我這個討論對手承認自己有一部分看法是錯誤的，並且還要在通信結束之後把來往信件全部印發給全班同學，公之於眾，這又是何等寬宏博大的胸襟！

正是在這博大胸襟的感召下，譚其驤開始了他雖艱辛卻充滿樂趣雖曲折卻景色迷人的學術之旅。

▎憐才惜才

童書業出生在一個世家大族裡，家境優越。可他的父親卻財迷心竅，讓喜歡讀書的兒子早早中斷學業，去當學徒。好在童書業聰明過人，又勤奮刻苦，便利用業餘時間苦讀文史。因喜歡顧頡剛的《古史辨》，童書業便以顧頡剛「私塾弟子」自居，無論是讀書還是寫作都按顧頡剛「模式」去做。後

第八章　顧頡剛與弟子

來童書業去了一家印刷廠做校對，空閒時寫了幾篇文章，其中一篇是對顧頡剛《〈尚書〉研究講義》的史料提出訂正。他大膽的「訂正」讓愛才的顧頡剛喜歡上了這個雖魯莽卻充滿激情的年輕人。一年後，顧頡剛回蘇州奔喪，特意去了杭州去找童書業，多次接觸後，他確定童書業是可教之材，決定把他收入門下。當時的顧頡剛已名震海內，童書業是個月薪僅十五元的校對員，但他的謙遜和隨和，讓初次見面的童書業沒感到一絲拘束。多年後，童書業用充滿溫情的語調回憶了他和老師顧頡剛的初次見面：

> 顧先生是研究古史的學者中的一位宗師，這是大家知道的；我們從前讀他文字的時候，總以為他必定是個很雄辯的人，這次他來杭州，作者經夏君的介紹往謁，接談之下，哪裡知道他竟是個這樣沉默、謹細的人，他確是個誠懇樸實的學者，性情和藹可親，舉動禮貌周備；作者可以稱是他的一個私塾弟子了，但是他每次相見之下，總是這樣很謙虛地接待，幾乎會使人弄得手足無措。

當時顧頡剛慈母過世，家事繁雜，應酬又多，但他卻擠出時間與童書業多次晤談。就連童書業的女兒後來也大為感慨：「顧先生愛才之心確非常人可比。」

童書業去北京後，因無文憑找不到正式工作，顧頡剛就安排他做自己的助教，自掏腰包每月支付童書業五十元。這五十元錢足夠養家餬口了。在擔任顧頡剛助教那幾年，童書業協助老師完成了《春秋史講義》。靠這本書，童書業奠定了他在歷史學領域的學術地位。

▍八項規定

顧頡剛資助過的學生當然不止童書業一人。不過，顧頡剛收入有限，家累又重，總是自掏腰包他也受不了，於是他也透過其他辦法幫助學生，比如為弟子爭取獎學金。

顧頡剛在中山大學教書時，一位名叫何定生的學生研究《山海經》頗有成果。但何生家境貧寒，顧頡剛便在校務會上為弟子爭取獎學金。一位教授

堅決反對，顧頡剛據理力爭與對方吵了十五分鐘，終於費盡周折為弟子爭來了二百元。後來，顧頡剛寫信把獎學金來之不易的過程告訴了何定生，一方面提醒弟子要珍惜這筆錢，另一方面也讓弟子明白社會之黑暗環境之艱難，所以，更要振作精神，努力學習，「把這班腐化的分子打倒。」在信中，顧頡剛還以「殷憂啟聖，多難興邦」來激勵弟子在困境中發憤圖強：「一個人只要善用機會，坎坷之境原即是向上的戟刺。」

顧頡剛知道，想做好學問，必得有穩定的生活，良好的心境和正確的人生態度。所以，對弟子，學術上指點迷津，生活上也耐心開導。

顧頡剛離開廣州後，何定生追隨恩師一道去了北京。有段時間，他戀愛受挫，萎靡不振，無心向學。顧頡剛便寫信要弟子注意以下幾點：

一、此後不許說「死」，也不許想。

二、厲行運動，注意起居，把身體弄好。

三、對人不可哭喪著臉，起人厭惡或懷疑。

四、一天的生活要有軌道，一年的生活要有預算，一生的事業要有目的，不可說「只知今日，不知明天」。

五、用錢須登帳，最好每月有預算決算。

六、不可感情用事，高興時拚命的幹，不高興時什麼都不幹。

七、如有戀愛，應謀結婚，不可說「我不希望有結果，我是沒辦法的。」

顧頡剛告訴弟子，自己為何要提出以上幾點，因為「研究學問，首須生活安定」：

生活不安，一切無從說起。但要有安定的生活，不可不先作個平凡的人。以上幾條，都是作一個平凡的人的方法。你肯依我話，則此後自有成就。否則你去浪漫，去漂泊，這種文人的生活由你自己去過，和我不生關係，不必來看我。

為了說服弟子，顧頡剛推心置腹：

第八章　顧頡剛與弟子

我常想，你和我的人生，譬如開汽車。我開汽車很有把握，又有目的地；你是亂開亂轉，結果撞壞了人，自己的生命也不保。像你這樣生活，固然很適宜寫上詩歌，但除掉給人嘆一口氣之外再有什麼。我的生活，則平庸得很，不但不能寫入詩歌，且不能寫入小說。但我自信將來必有成功，到成功時我便不平庸了。

由於何定生遇到麻煩喜歡向人抱怨，顧頡剛在上面七條外又加了一條：「八、重於責己，輕於責人。常常替人家設身處地地想一想，不要只管自己。」

顧頡剛的「八項規定」，使何定生做人方面幡然悔悟，學術上也開始勇猛精進。

對症下藥

歷史學家楊向奎也是顧頡剛的弟子，他說：「我是個農村人，家裡不是書香門第，從不知道什麼叫學問；今天能從事學問研究全靠顧先生。所以我一直感謝顧先生。」

當年楊向奎大學畢業，顧頡剛特意向胡適寫信，希望北大能留下這個高材生。

適之先生：

北大史學系本年畢業生楊向奎君，非常的篤實，他從孟心史先生修習明史，又從我蒐集上古史說的資料。我為三皇及太一的問題，須翻《道藏》，他就把全部《道藏》翻讀一過。他是豐潤人，很想繼續他的老同鄉谷應泰的事業，所以他很有志研究明史。北大研究所有這麼多的明代檔案，正可請他整理，我可以保證他一定弄得很好，並且有始有終，不會半途而廢⋯⋯

從這封信可看出顧頡剛對這位弟子的賞識與器重。

楊向奎本來是「古史辨」派的一員大將，但隨著研究的深入，他對古史的看法與老師完全不同了。他寫了多篇文章表達了與顧頡剛截然相反的論點。顧頡剛不以為忤，依舊把楊向奎視為可信賴的學術傳人、可共事的學術夥伴。

有人評價：「可以說，只有顧頡剛有這種學術胸襟，也說明楊向奎的學術潛力確為顧所認可。」

顧頡剛賞識楊向奎，但楊有了錯誤，他的批評也相當嚴厲。

一次，楊向奎在信中說：「學術文章寫到先生和適之先生那樣是不容易，此外用些力量全不是不可能趕上的。」顧頡剛看出弟子這句話流露出一種不易察覺的「傲慢與偏見」，當即回信批評：「這話說來有兩點可以指摘。第一，兄自己不作第一流想，甘心居第二流，故以剛與適之先生之文為不可及。其實，『見賢思齊』乃是有志氣人之應有事，若見賢而思退，只是沒出息者之心情耳。」

顧頡剛告訴弟子，自己佩服章太炎五體投地，但還是想努力超過他，所以自署名「上炎」。

顧頡剛又指出，楊向奎這句話的第二點錯誤是，說胡適、顧頡剛學術文章好，卻不提王國維、郭沫若、錢穆等人，他反問楊向奎「將謂剛與適之先生之文為不可企及，而此諸位先生之文則均可趕上乎？」顧頡剛告誡弟子：「老實說，剛對於此數人均趕不上也。」至此，顧頡剛一針見血：「即此可知，兄說話之隨便而不負責任。」

楊向奎為什麼會犯這種「眼高於天」錯誤，顧頡剛在信中也作了說明：「剛與兄交十餘年，兄之長處、短處我均明白：兄之短處，在走上專家之路太早，而對於文字之基本訓練太為缺乏。因此，看作文太易，每拈一題，即信筆而書，不加點竄。因為寫得太易，即覺得自己已近成功，以至顧盼自高，目無餘子。」顧頡剛提醒弟子：「如此寫文，就是寫到老也不會成功，以其結構鬆懈，不能引人入勝，而又發揮不透，不能使人忘不了。」

指出弟子的「病症」之後，顧頡剛又開出「藥方」：

昔崔東壁欲作《考信錄》，先致力於唐宋文，待文字流暢，意無不盡，乃始動筆著書。鄙意，兄可效之，熟讀唐宋八家文數十篇，勇於習作而怯於發表，二三年後，自覺揮寫成熟，再與世人相見，未為遲也。諺云：「學了三年，天下去得；再學三年，寸步難行。」以剛觀兄，所言所行永是「天下

第八章　顧頡剛與弟子

去得」之氣概，此即學不進之驗也。必須自己有「寸步難行」之感，始能有一鳴驚人之成就。

顧頡剛和弟子的關係很平等，弟子有錯，老師不姑息；而老師有什麼不妥之處，弟子們也會指出。有段時間，楊向奎認為顧頡剛忙於出版通俗讀物，對純學術不夠用心，便寫信對老師提出委婉的批評。顧頡剛在回信中作了說明：

自「九一八」以來，剛感於知識分子責任之重大，不敢諉救亡建國之責，故從事於通俗讀物及邊疆工作。剛深覺此二事之重要，提倡之不容緩，思竭力以赴之。

對於能夠從事純學術的人，顧頡剛表示欽佩。因為人非萬能，「為一事而善固已有不朽之價值，亦足提高國家民族之地位，不必強盡人為直接之救國事業也。」

但對只埋頭學問無視國家災難的人，顧頡剛提出批評：「在此疆土半淪，戰士喋血，人民宛轉求死不得之際，而汝猶不聞不見，於汝之心安乎？汝乃生長於無國家之地乎？」

顧頡剛這番話化解了弟子的質疑，也顯示他熱血的一面。

倘若對方指出的是學術上的硬傷，顧頡剛不僅爽快認錯，還會向對方的糾錯表示歡迎和感謝。

四川學者喻權域研讀顧頡剛的《禹貢注釋》後，發現顧頡剛親手繪製的《禹貢地圖》與正文矛盾。喻權域以為自己看錯了，就找來一堆原始資料仔細研讀，終於確定，顧頡剛圖畫得沒錯，但文字表述出了問題。於是他寫了篇論文《禹貢江沱何所指——與顧頡剛同志商榷》。當時正值「四人幫」被粉碎不久，論文無處發表，他乾脆將論文寄給顧頡剛本人。不久，即收到顧頡剛熱情洋溢的信。顧頡剛在信中爽快地認了錯，並向喻權域致謝、道歉。

學界新人喻權域收到學術權威的親筆認錯信，感動之餘發出這樣的感慨：「顧老這樣聞名中外的史學泰，竟然如此誠懇地向一位陌生的後學承認錯誤，這種忠於科學、忠於真理的精神多麼高尚！」

十字箴言

作為老師，顧頡剛喜歡講的一句話是：要把金針度與人。也就是說，要毫無保留地把做學問的「祕訣」傳給弟子。「祕訣」之一便是：「多所見聞，用以證明古代史事。」

顧頡剛告訴弟子，當你有了一個問題後，就要讓這個問題時時盤旋在腦海中，以至於為解決它而茶飯不思。這樣，在某個不經意的時候，某個看似不相干的事物會電光火石般觸動你，讓你瞬時恍然大悟。比如，他某夜在重慶望見大梁子、小梁子電燈高上雲霄，立馬悟出「梁」即山頭之稱；又某次飛往西安，俯視下面連綿不斷的山頭，即悟出《禹貢》「梁州」是指峰巒攢聚。

歷史學家汪寧生上世紀六十年代初，赴雲南從事民族調查工作。當時他頗有情緒，因他想從事歷史研究，認為做民族調查會荒廢學業。偶然讀到顧頡剛《史林雜識》，他心中的懊惱煙消雲散，精神為之一振。

在這本書中，顧頡剛用藏、白等族招贅習俗，證明古代贅婿與奴隸無異；用苗族丟包習俗，說明內地綵球擇婿的由來；以蒙藏服飾，考證「披髮左衽」；借用喇嘛廟宇中的酥油偶像解釋何為「芻狗」，從西北方言考證出「吹牛」、「拍馬」的來源等。

汪寧生這才明白，民族調查工作，不僅與他研究歷史的願望不違背，反而大有助益。

由此，汪寧生方懂得顧頡剛下面這句話絕非虛言而是一位大師的真知灼見：「遍地都是黃金，只怕你不去揀；隨處都是學問，只怕你不去想。」

在一般人看來，顧頡剛這樣的大學者，想必智力超群，記憶力非凡，但顧頡剛本人卻告訴我們，他的治學得力於十個字：「隨地肯留心，隨時勤筆記。」對此，他還做了解釋：「予生封建家庭，二歲即識字，五歲即誦經，以長者期望之殷切，腦力摧殘過劇，七八歲即已陷於神經衰弱之苦況，讀時雖了了，掩卷旋茫然。所以尚能從事於考索之業者，只緣個人習性樂於遇事注意，而此腕又不厭煩，一登於冊，隨手可稽，予蓋以抄寫代其記憶者也。」

第八章　顧頡剛與弟子

顧頡剛的「十字箴言」，看似尋常，真做到卻不易，值得我們奉為圭臬。

▌求士為不朽

顧頡剛晚年最大的心願就是整理翻譯《尚書》，因為《尚書》佶屈聲牙、艱深晦澀，不整理出來就浪費了。就連毛澤東在百忙中也指示中華書局，可花十年時間，把《尚書》翻譯出來。

從一九六〇年開始，顧頡剛花了四年整理出《尚書》中《大誥》一篇，《大誥》原文只有六百字，顧頡剛翻譯兼考證寫了四十萬字。顧頡剛這本《大誥譯證》為《尚書》研究做了一個樣板。但若按此規模將全部《尚書》整理出來，篇幅達一千萬字。以顧頡剛的年齡和身體狀況，他是無論如何也完成不了這一任務的。經他申請，在有關領導的幫助下，昔日弟子劉起釪調入北京協助他完成這一工作。

這對師徒通力合作，完成了《尚書》部分篇目的整理工作。顧頡剛去世後，年已六旬的劉起釪又花了二十年時間，終於完成了老師的遺願。從下面劉起釪這段自白，可看出，為整理《尚書》，一個本該退休的老人如何「玩命」工作：

沒日沒夜地趕，除了睡眠、吃飯時間外，其餘全是寫稿時間，也沒有了一定的作息時間，寫睏了倒頭就睡，睡醒來立即就寫。如是者整整五年，斷絕一切親朋往來，經常壓著幾十封信不回覆，國外朋友的信也常常積壓，往往收到他們數次來信後才回一信，說明我的窘況。……我知道這樣要得罪許多朋友，也顧不得了。

從六十歲苦幹到八十歲，劉起釪終於將《尚書》剩餘部分整理完畢，並完成《尚書校釋譯論》這部著作。他的工作得到學術界高度評價。林小安先生說：「這一工程對中國的學術發展，無疑是里程碑式的貢獻，它為科學地整理古代文獻，科學地研究古代史，奠定了堅實的基礎，樹立了光輝的典範。」

顧頡剛去世後，劉起釪整理《尚書》的同時，還寫了多篇短文介紹顧頡剛先生，讓更多的人了解這位學術大師，並撰寫了《顧頡剛先生學述》一書，全面完整地介紹評述顧頡剛的學術淵源、學問理路、學術成果及影響。

一九九二年，歷史學家李學勤在一次座談會上發表「走出疑古時代」的演講，對顧頡剛的「古史辨」提出批評：

從小我就讀過《古史辨》，小時候我有一次走到舊書攤上，買到一本《古史辨》第三冊的上本，看過之後就著迷了，後來把整個《古史辨》都買來看。從晚清以來的疑古思潮基本上是進步的，從思想來說是沖決網羅，有很大進步意義，是要肯定的。因為它把當時古史上的偶像一腳全部踢翻了，經書也沒有權威性了，起了思想解放的作用，當然很好。可是它也有副作用，在今天不能不平心而論，它對古書搞了很多「冤假錯案」。

劉起釪隨即撰文《關於「走出疑古時代」問題》對李文予以回應。劉起釪認為，任何時代都應對史料進行審核，對古籍予以辨偽，所以不存在走出「疑古時代」問題：

實際上你要離開它也離開不了，要「走出」也走不出去。例如《走出疑古時代》文中有云：「古書是歷史遺傳下來的東西，它是被歪曲和變化的，不管是有意無意，總會有一些歪曲。」接著說考古發現的書，是「可以直接看到古代的書，這就沒有辨偽的問題」。這就明白無誤地說明對古代遺傳下來的書，必須有辨偽的問題了。又文中指出馬王堆帛書《周易》的《繫辭》與今本有出入，《老子》書也與今本次序相反，這些顯然都需要進行批判地審查的工作。文中又說「學術史要重寫，這不僅是先秦和秦漢的問題，而是整個學術的問題」。那就是要對先秦兩漢和整個的舊學術進行疑辨求得正解了。

劉起釪指出，顧頡剛「疑古」正是本著司馬遷的「信以傳信、疑以傳疑」的精神：「凡以為可信者不疑，可疑者始疑之。」換言之，顧頡剛的疑辨態度是「不需要疑的就不疑，需要疑的就必須疑」，如此，還有什麼「疑古時代」需要走出呢？

第八章　顧頡剛與弟子

劉起釪此文有力駁斥了李學勤的論調，捍衛了顧頡剛的學術觀點。

昔人云：「交友以自大其身，求士以求此身不朽。」劉起釪在恩師顧頡剛去世後，所寫的一系列文章，完成了老師的遺願，傳播了老師的名聲，也延續了老師的學術生命。

在給何定生的一封信中，顧頡剛談到自己有愛才的「癖性」：「我一生所受的累，不是自己的好名好利，而是愛別人的才。凡是有才幹的人，無論在學問方面、在藝術方面、在辦事方面，我都愛，我總希望他能順遂地發展他的個性，我在可能範圍之內總想幫助他。我常覺得『人之好善誰不如我』這句老話是不對的，應當改作『人之好善誰如我者』才合，因為世界上愛才的人太少了。」

確實，顧頡剛傾畢生精力完成了等身著作，也為培養人才耗費大量心血。他這樣做，應該不會是借弟子讓自己「不朽」，也不完全出於愛才的「癖性」，而是想讓學術薪火代代相傳。

顧頡剛曾說：「凡是一件有價值的工作，必須由於長期的努力，一個人的生命不過數十寒暑，固然可以有偉大的創獲，但必不能有全部的成功。所以我們只能把自己看作一個階段，在這個階段中必須比前人進一步；也容許後一世的人要比自己進一步。能夠這樣，學術界才可有繼續前進的希望，而我們這輩人也不致作後來人的絆腳石了。」

顧頡剛耗心費力培養弟子，其動機與宗旨盡在於此。

第九章　錢穆與弟子

　　在國學大師中，錢穆堪稱自學成才的典型，他沒接受過高等教育，完全憑自學已躋身大師行列。另外，錢穆十八歲初登杏壇，直到九十二歲才告別講台，執教生涯長達七十多年，這在世界教育史上亦屬罕見。

　　讀書教學方面，錢穆有著諸多的心得體會和真知灼見，對後人來說，這是一筆難得的財富。

▌讀書當知言外意

　　錢穆的成長得益於父親啟發式的教育。一次，九歲的錢穆在眾人面前背誦《三國演義》的片段，獲得大家的讚賞，錢穆也有點沾沾自喜，父親未說什麼。翌日，又有人請錢穆去背《三國演義》，父親也同意了，並領著錢穆去。路過一橋，父親對兒子說：「認識橋字嗎？」錢穆答：「認識。」父親問：「橋字何旁？」錢穆答：「木字旁。」父親再問：「木字換了馬旁，是何字？」錢穆答：「驕字。」父親問：「知道驕字的意思嗎？」錢穆點頭，父親便說：「你背誦《三國演義》後臉上的表情就類似這個字。」

　　父親這席話讓幼年的錢穆很慚愧，從此再也不敢驕傲了。直到晚年，錢穆都牢記著父親的這次委婉而溫和的教誨：「先父對我此一番教訓，直至如今，已過了六十年，近七十年，而當時情景，牢記在我心頭，常憶不忘，恍如目前。」

　　錢穆父親在晚間常給錢穆的哥哥講課，睡在床上的錢穆因此「沾光」。一次，父親對錢穆的哥哥說：「讀書當知言外意。寫一字，或有三字未寫。寫一句，或有三句未寫。遇此等處，當運用自己的聰明，始解讀書。」在床上「偷聽」到這番話後，錢穆領悟出，讀書不僅要了解字面意思，還要挖出文字背後的深意。由於養成了用心讀書的習慣，錢穆很快就贏得了「善讀書，能見人所未見」的讚譽。

第九章　錢穆與弟子

因為患病，錢穆的父親過早去世了。父親臨終對錢穆說的最後一句話是：「你要好好讀書。」

父親去世後，沒留下任何產業，家徒四壁。不過錢穆的母親頂住了各種壓力，讓錢穆讀完了中學，當有人為她的兩個兒子介紹工作時，她拒絕了，說：「先夫教讀兩兒，用心甚至。今兩兒學業未成，我當遵先夫遺志，為錢氏家族保留幾顆讀書種子，不忍令其棄學。」

父親的臨終遺言，錢穆刻骨銘心。後來，他雖未能如願進入大學深造，但一直堅持苦讀，某年大年初一，錢穆把自己反鎖在家讀《孟子》，要求一天讀完一篇，並且直到能背誦才允許自己下鎖吃晚飯。這樣堅持了七天，終於讀完了《孟子》。錢穆還仿效古人「剛日誦經，柔日讀史」的先例，規定自己清晨讀經子類難讀之書；晚上讀歷史書籍；中午雜覽。

▌遊歷如讀史

錢穆在小學、中學期間，都遇到了特別賞識他的老師。老師的賞識對他的成長造成了至關重要的作用。

在果育學校讀小學時，體操先生錢伯圭非常看重錢穆，經常給他「開小灶」。一天課間休息，伯圭先生問錢穆：「聽說你喜歡看《三國演義》？」錢穆答：「是。」伯圭先生就說：「這種書還是少讀為好。」錢穆不解，老師就耐心開導：「這書開頭就說，天下合久必分，分久必合，一治一亂，這是中國歷史走了錯路，才造成這種情況的。而歐洲諸國卻不是這樣，而是合了就不再分，治了就不再亂。我們應該學習他們。」

老師這番話瞬間照亮了錢穆眼前的路。晚年，錢穆用這樣的語言描述了老師這番話在他成長道路上所起的無與倫比的重要作用：「東西文化孰得孰失，孰優孰劣，此一問題圍困住近一百年來之全中國人，余之一生亦被困在此一問題內。而年方十齡，伯圭師即耳提命令，揭示此一問題，如巨雷轟頂，使余全心震撼。從此七十四年來，腦中所疑，心中所計，全屬此一問題。余

之用心，亦在此一問題上。余之畢生從事學問，實皆伯圭師此一番話有以啟之。」

上國中後，國文老師華倩朔對錢穆同樣很器重。一次，老師安排作文，題目是《鷸蚌相爭》。錢穆週六完成了作文，下週一他的作文就被老師貼在教室外面，供人欣賞。華老師的評語是：「此故事本在戰國時，蘇代以此諷喻東方諸國。唯教科書中未言明出處。今該生即能以戰國事作比，可謂妙得題旨。」錢穆作文的結語是：若鷸不啄蚌，蚌亦不鉗鷸。故罪在鷸，而不在蚌。華老師激賞這句話，評價說：「結語猶如老吏斷獄。」

因為作文出色，華老師讓錢穆跳一級，還獎給他兩本《太平天國野史》。這兩本書培養了錢穆對歷史的興趣。

後來，錢穆又寫出一篇佳作。華老師又獎賞給他一本日本人寫的書。書裡講述了英法諸國很多自學成才者的故事。錢穆後來的發憤自學與此書對他的激勵有很大關係。

錢穆升入高級班後，國文老師是顧子重。顧老師同樣賞識錢穆。一次，有同學問顧老師：錢穆的作文，開頭就用「嗚呼」二字，老師為何大加讚賞？顧老師答：歐陽修《新五代史》諸敘論不就是以「嗚呼」開頭的嗎？該生聽老師這樣說，就以玩笑的口吻對錢穆說，原來你把歐陽修學到了家。顧老師嚴肅地對那位學生說：你不要嘲笑他，將來，他不僅能把歐陽修學到家，還能把韓愈學到手。老師這句話，給予錢穆強烈的震撼，自此他開始認真讀韓愈，學問大有長進。錢穆說：「余之正式知有學問，自顧師此一語始。」

除了讀書，錢穆的另一大嗜好是遠遊。在北大任教期間，近郊之遊不提，光遠遊就有四次。第一次，遊泰安、濟南、曲阜；第二次遊大同、綏遠、包頭；第三次遊廬山；第四次遊開封、洛陽、西安。執教西南聯大時，幾乎日日登山；就職無錫國專時，則時常泛舟太湖。

在錢穆看來，遊山玩水，不僅可以飽覽秀麗的自然風光，還可以探尋古老的文化經脈。如他說的那樣：「山水勝境，必經前人描述歌詠，人文相續，乃益顯其活處。若如西方人，僅以冒險探幽投跡人類未到處，有天地，無人

第九章　錢穆與弟子

物。即如踏上月球,亦不如一丘一壑,一溪一池,身履其地,而發思古之幽情者,所能同日語也。」也就是說,遠遊,是享受視覺的盛宴,也是接受文化的洗禮。

錢穆認為,山的皺褶隱含著歷史詭譎的蹤跡,水的波紋蕩漾著文化迷離的色彩。所以他說,遊歷如讀史,且讀的是一部活的歷史。錢穆曾告誡學生,太史公幼年即遍遊中國名山大川,倘若遊歷了名山大川後再讀《史記》,必有更深的體會。

在《中國文學論叢》一書中,錢穆闡述了自然風光和人文景觀相互輝映的關係,他說:

中國乃如一幅大山水,一山一水,又必有人文點染。即如余鄉,數里內即有小丘,稱讓皇山,乃西周吳泰伯讓國來居,葬於此。則已有三千年以上之歷史。亦稱鴻山,乃東漢梁鴻偕其妻孟光來隱,亦葬於此。則亦已有接近兩千年之歷史。又有鵝蕩,亦在數里內。明末東林大儒顧憲成在此教讀,常扁舟徜徉其中,則亦有三百年以上之歷史。有《梅里志》一書,環余鄉數十里,古今人物名勝嘉話,窮日夜更僕縷指不能盡。故遊中國山水,即如讀中國歷史,全國歷史盡融入山水中。而每一山水名勝之經營構造,亦皆有歷史可稽。如西湖,自唐之白樂天、吳越之錢武肅王、北宋之蘇東坡,循此以往,上下一千年,西湖非由天造地設,乃有人文灌溉。故此中國一幅大山水,不僅一自然,乃由中國人文不斷繪就。

……

中國地理,得天既厚,而中國人四千年來經之營之,人文賡續自然之參贊培植之功,亦在此世獨占鰲頭。在中國欲復興文化,勸人讀中國書,莫如先導人遊中國地。身履其地,不啻即是讀了一部活歷史,而此一部活歷史,實從天地大自然中孕育醞釀而來。

李埏是錢穆的得意弟子之一,他常陪老師出遊。一次,他忍不住對老師說:「我們聽老師的課,佩服老師的淵博,以為老師整日都在書齋苦讀,沒想到老師經常出遊?」錢穆便對他解釋道:「讀書,要一意在書,遊山水,

要一意在山水。乘興來玩,就要心無旁騖。讀書、遊山、用功皆在一心。能認識到讀書和遊山一樣,則讀書自有大樂趣,也會有大進步;否則把讀書當苦差,把遊山當樂事,那這兩件事都做不好。」李埏又問:「老師上課時為什麼不這樣說,好讓更多的學生和老師一塊遊玩?」錢穆答:「向來只聞勸人讀書,不聞勸人遊山。不過,書裡常有勸人遊山的文字。《論語》云:『仁者樂山,知者樂水。』這就是要我們親近山水。讀朱子書,也有勸人遊山之處。你從這個角度來讀孔子、朱子的書,會有新的體會。太史公著《史記》,也告訴了我們作者早年已遍遊山水。從讀書中懂得遊山的樂趣,才能真正享受遊山。《論語》云:『有朋自遠方來,不亦樂乎。』就像你現在隨我讀書,陪我遊山,你是我真正的朋友。從師交友,也要如讀書遊山一般得到真正的快樂。」李埏聽了這番話,不禁感慨:「今日從師遊山讀書,是我生平第一大樂事。」

遊覽可獲片刻的閒暇,而閒暇則是思想的溫床。錢穆的一部《湖上閒思錄》正是泛舟太湖的「副產品」:「余之院長辦公室在樓上,窗外遠眺,太湖即在目前。下午無事,常一人至湖邊村裡,雇一小船蕩漾湖中。每一小時花錢七毛,任其所至,經兩三小時始返。自榮巷至學校,沿途鄉民各築小泊,養魚為業,漫步岸上,上天下水,幽閒無極。余筆其遐想,成《湖上閒思錄》一書。」

另外,錢穆遊山時還能悟出一些讀書的道理。他曾對朋友說:「登山,拾級而上,每登臨一山峰,俯視山下,必有不同,至頂峰,方能領略一個全新的境界。讀書也一樣,讀得多,就想得多,才能觸類旁通、舉一反三,進入不同的思想境界,不會沾沾自喜於一隅之得。故,遊山水也不能死守在一個狹窄的天地。」

對錢穆來說,讀書如探幽訪勝,美景紛至沓來;遊山如尋章摘句,文思不期而至。讀與遊,合則雙美;離則兩傷。

錢穆上課認真也給李埏留下深刻印象,他說:「賓四先生上課,從未請過一次假,也沒有過遲到、早退。每上課,鈴聲猶未落,便開始講,沒有一句題外話。特別給學生們感受最深的是,他一登上講壇,便全神貫注,滔滔

第九章　錢穆與弟子

不絕地講。以熾熱的情感和令人心折的評議，把聽講者帶入所講述的歷史環境中，如見其人，如聞其語，永遠留在我們的腦海中。」

李埏還告訴我們，即便下課後，只要有學生繼續請教，錢穆毫無倦色，依舊誨人不倦：「每當下課，一些高年級同學陪著先生邊走邊質疑、請益，我也跟在後面側耳而聽，在這種時候，先生不僅解答疑難，而且還常常教人以讀書治學之方。一天下課後，質疑的人不多，我便鼓起勇氣，上前求教。先生誨人不倦……這天，因話未講完，便不僱車，徒步沿林蔭道邊談邊走，一直走到西單……」

在另一位弟子李素的回憶中，課堂上的錢穆不僅「和藹可親」而且「談吐風趣」：「在課堂裡講起書來，總是興致勃勃的，聲調柔和，態度閒適，左手執書本，右手握粉筆，一邊講，一邊從講台的這端踱到那端，周而復始。他講到得意處突然止步，含笑而對眾徒，眼光四射，彷彿有飛星閃爍，音符跳躍。那神情似乎顯示他期待諸生加入他所了解的境界，分享他的悅樂。他並不太嚴肅，更不是『孔家店』裡的偶像那麼道貌岸然，而是和藹可親。談吐風趣，頗具幽默感，常有輕鬆的妙語、警語，使聽眾不禁失聲大笑。所以賓師上課時總是氣氛熱烈，興味盎然，沒有人會打瞌睡的。」

當時有一種說法，北大有所謂的「歲寒三友」：錢穆、湯用彤和蒙文通。在學子心目中，錢先生高明，湯先生沉潛，蒙先生汪洋恣肆，都是名重一時的大學問家。

錢穆教學不限於課堂，任何人不論何種身分，只要求教，錢穆總是有問必答。一次，李埏問老師：「有些人是慕名而來，欲一瞻風采而已，何以先生也很認真地賜以教言？」錢穆答：「你知道張橫渠謁范文正公的故事嗎？北宋慶歷間，范文正公以西夏兵事駐陝西。橫渠時年十八，持兵書往謁。文正公授以《中庸》一卷，說：『儒者自有名教可樂，何事於兵？』橫渠聽了，幡然而悟，遂成一代儒宗。可見有時話雖不多，而影響卻不小。孔子說：『知者不失人，亦不失言。』我寧失言，不肯失人。」

可見，錢穆誨人不倦，是對每位求教者寄予厚望的。

▍執著自己的見解

　　作為一名教師，學問要淵博，見識也要深，不能照本宣科，不能滿足於「販賣」別人的成果。優秀的教師，必須在苦讀與深思的基礎上形成自己獨立而深邃的見解。錢穆就是這樣的教師。

　　錢穆在縣立高小任教時，因學校條件簡陋，他只能和學生住在一起。一次，錢穆午夜夢迴，發覺月光很美，當時，錢穆一隻腳伸出帳外觸到牆壁上，由牆壁之「壁」，他想到「壁」、「臂」都是形聲字，辟屬聲，但臂在身旁，壁在室旁，凡辟聲似乎都有旁義。由此，錢穆浮想聯翩：避，乃走避一旁；璧，乃玉懸身旁；嬖，乃女侍在旁；譬，乃旁言喻正義；癖，乃旁疾非正病；躄，乃兩足不正常，分開兩旁，盤散而行；劈，乃刀劈物分兩旁。想到這，錢穆得出了結論：凡辟聲皆有含義，這就是宋人所說的「右文」。那夜，錢穆因思有所得而興奮不已。翌日清晨，上課時，錢穆把夜間的思考傳授給學生。恰好，那天有督學聽課，對錢穆所說的內容大為賞識。事後，督學寫了篇文章，對錢穆通報表彰。

　　因為經常在課堂上講授自己的心得與體會，錢穆的課大受歡迎。著名報人徐鑄成是錢穆的學生，他對錢穆的課有這樣的評價：「我聽了錢先生一年課，這一年他教《論語》、《孟子》。他教的與別人不同，在學問上喜創新，喜突破別人做過的結論，總是要自己想，執著自己的見解。學生們對他很欽服。」

　　通常小學生都怕作文，因為無話可說。錢穆的學生卻把上作文課視為樂事，何也？因錢穆的教學方法與眾不同。

　　一次，錢穆要學生帶著鉛筆和稿紙來到郊外一座古墓旁，周圍古柏蒼松林立，足有百棵。錢穆讓學生各選一棵樹，就近坐下，靜觀四周形勢景色，用文字寫出。隨後，讓學生圍坐一圈，每人宣讀自己的作文，大家相互評品，指出誰忽略了何處、誰次序不當、誰輕重倒置，一堂課下來，大家趣味盎然，獲益良多。

第九章　錢穆與弟子

一天下雨，錢穆就讓學生在走廊上觀雨。錢穆問：今天下的是什麼雨？學生答：黃梅雨。問：黃梅雨與其他雨有何不同？學生便七嘴八舌踴躍回答，答案自然是五花八門。錢穆就讓學生相互討論，隨後開始動筆寫，寫畢，相互觀摩，取長補短。

很多教師教作文，只注意培養學生寫的能力，而錢穆這種「開門教學」的方式則培養了學生的觀、聽、寫的綜合能力。玩是孩子的天性，錢穆便因勢利導，讓他們在玩中去學，效果很好。後來，錢穆創辦新亞書院，仍把「游於藝」作為辦學指導思想之一。

錢穆讀書時，因受到老師的賞識而信心倍增，所以當教師後，他也盡量用賞識的目光激發學生對學習的興趣。

一次下課，錢穆發現有名學生一直坐在位子上，不出去玩。一問，才知道此生叫楊錫麟，曾犯校規，校長懲罰他不許他下課離開教室。錢穆認為校長做法欠妥，就讓其他學生帶楊錫麟出去玩。不一會兒，有學生彙報，說楊錫麟在水溝邊將一隻青蛙弄死了，錢穆並未懲罰楊錫麟，而是對其他學生說，楊錫麟因長期待在教室裡，不知青蛙為何物才犯了錯誤，大家應該原諒他。經過一番接觸，錢穆發現楊錫麟歌喉動聽，為鼓勵他，音樂課上就讓楊錫麟領唱。因為獲得錢穆的賞識，楊錫麟恢復了信心，從此刻苦學習，由差生一躍而成優等生。

學文唯一正路

錢穆白手起家創辦新亞書院，可謂篳路藍縷，艱苦卓絕。他的百折不撓、無所畏懼體現在他為新亞撰寫的校歌中：

手空空，無一物；路遙遙，無止境。亂離中，流浪裡，餓我體膚勞我精。艱險我奮進，困乏我多情，千斤擔子兩肩挑，趁青春，結隊向前行。珍重！珍重！這是我新亞精神。

錢穆熱愛教育，關心學生，無微不至，新亞的學生稱他為「家長」。以下幾位學生的話證明了錢穆和學生是多麼的親密無間：「錢先生當時可謂是

食宿無定所。他常常給我們買鮮蝦加菜，飯後請我們吃香蕉。一次我有事外出回來晚了，錢先生把自己的飯菜分了一半給我。當時我感到一陣來自家庭的溫暖。」

「某年大年初三，有八位同學給錢先生拜年，他們都像對自己的父親那樣，跪在地上叩頭。錢先生一下子手足無措，慌忙將他們一一扶起。誰知道這個頭不是白叩的。八位同學吵著要壓歲錢，還要看電影，錢先生一口答應，學生們這才連蹦帶跳地跑出院長寓所。」

當時新亞的同學多來自內地，在香港漂泊了四、五年，到了新亞，終於品嚐到家的滋味。

每次開會，錢穆都會說：「你們孤身在外，來到新亞，就像是來到你們的家了。」

新亞的學生愛戴自己的「家長」，也喜歡聽「家長」的課。從下面兩位學生的回憶中，我們可一窺錢穆講台上的風采：

「錢先生講的中國歷史簡直會把你的耳油都聽出來。你真要稀奇他怎麼裝了一肚子的歷史。不過，上錢先生的課，千萬別坐在第一排。因為他講書時，喜歡在講台上踱來踱去，你的視線被吸引在他的臉上，於是你的身子可就跟著他轉動不停。這樣呀……一個鐘頭聽下來，你就會突然發覺到脖子又酸又累。不過，錢先生絕不發脾氣，紅潤的臉龐常露著慈祥的笑容。」

「他的儀態使人感到和藹可親，卻又肅然起敬。他是一個富有人生情趣的人，常常和同學們在一塊聊天，即使是青年的愛情問題，他也可以和我們談出勁兒來。然而，當提起民族的憂難、人類的危機時，他的表情，便馬上呈現出內心的沉重……錢先生在講學的時候，全神貫注，有聲有色。如講《莊子·逍遙遊》一篇時，他所表現的姿態與神情，真是大鵬逍遙於空際之氣象，扮演之貼切逼真，使人的心緒也隨之而遨遊。」

孟子說：「分人以財謂之惠，教人以善謂之忠，為天下得人者謂之仁。」

作為新亞的「家長」，錢穆這三者都做到了。

第九章　錢穆與弟子

錢穆對新亞的每位學生都一視同仁，不因為學生天資差異而厚此薄彼。葉龍是新亞的一名普通學生，可錢穆對他仍用心指導，即便在葉龍畢業後，依舊在學業上指導，生活上關心。一九五九年，錢穆得知某中學要聘用葉龍，而葉龍更想留在新亞，就開導弟子：「你去中學教，可得些經驗，而且教學相長，也是好事。將來仍有機會回新亞的。」

一九六〇年，身在美國的錢穆給葉龍回了一封很長的信，談人生談學問，真知灼見啟迪心靈，關懷之情動人心弦。葉龍說：「這是錢師給我最重要的一封手札。」在此全文引錄，以使所有愛好中國文學的青年學子從中受到啟發和益處：

葉龍同學如面：

前後已二次接讀來書，承遠道相念，極為感慰。三月九日一書，備述最近努力讀書教課事，更感欣慰。古人云，教學相長，能認真教課，自己學問自能隨之增進，並在此進程中，自己能感到一種愉快與歡樂，學生方面與同事方面自能日增其信仰，如是內外相引，自然更使自己奮發，所謂為人與做學問一以貫之，可即從此體驗。最近能精讀姚纂，先從昌黎入門，依次可讀柳歐王曾四家，然後再讀蘇氏父子，讀各該諸家之詩文時，如能參讀其年譜及後人之評注更佳。在新亞及孟氏圖書館中當可借得。讀過姚纂，則曾鈔已得其半，即從此兩書入門，亦是學問一大道。唯望能持之以恆，不倦不懈，不到一兩年即可確立一基礎，至盼循此努力為要。《曾文正公家訓》及《求闕齋讀書記》及《鳴原堂論文》等，在《曾文正全書》中，盼加瀏覽，必能與最近弟之工夫有相得之啟悟也。於讀文之外，並盼同時能讀詩，主要可依曾文正《十八家詩鈔》所選，先就愛讀者擇其一二家讀之，讀完了一二家，便可再選一二家，以先讀完此十八家為主。最少亦得讀完十家上下，每日只須讀幾首，勿求急，勿貪多，日積月累，沉潛浸漬，讀詩如此，讀文亦然，從容玩味，所得始深，切記切記。

弟最近去某校教課，藉此得一練習機會，亦甚有益，唯為學必先有一種超世絕俗之想，弟性情忠厚，可以深入，因詩文皆本原於性情也。唯其求深入，最先必須有超世絕俗之想。當知真性情與超世絕俗並非兩條道路，若無

真性情而求超世絕俗,則成為怪人,若不能超世絕俗,而只有此一番性情,亦終不免為俗人。從來能文能詩,無不抱有超時絕俗之高致,弟於讀文時試從此方面細求之,若於此有得,則志氣日長,見識日遠,而性情亦日能真摯而醇篤。文學之一方面為藝術,其又一方面為道德,非有藝術心胸,非有道德修養,則不能窺文學之高處,必讀其文為想見其人,精神笑貌,如在目前,則進步亦自不可限量矣。此後讀書有得,仍盼隨時來信。穆雖遠在海外,然對弟等學問進修,聞之實深欣快。極盼能在再見面時,弟之氣度心胸學問識趣,能卓然有所樹立,能與前時相敘判若兩人,此非不可能之事。真能潛心向學,自可有此境界,真能覓得道路,則達此境界亦殊非難事,必在自己心中感到有此一境界,則自此向前,始是學問之坦途,真可日新月異,脫胎換骨。如是則真成了一個學者,在己可有無上滿足,而對人亦自可有無上貢獻。此等話決非空言之即是,須自己真修實踐,於痛下工夫後實實體驗,始確知其如此。學詩學文,亦僅有循此道路。今弟正在讀韓(愈)文,細誦其教人為文,何一語非教人做人乎?何一語非超世絕俗者而能道出乎?學文即是學道,此乃唯一正路也。匆匆即詢

近好

穆白

一九六〇年三月廿二日

一生只著一部書

在錢穆的眾多弟子中,論學問大影響廣,當屬嚴耕望和余英時。

作為弟子,嚴耕望曾和錢穆朝夕相處了三年,出師後依舊與老師聯繫密切,是受錢穆影響最大的弟子。談到老師,嚴耕望的話充滿敬仰與感激:「除了學術方向的引導與誘發,教我眼光要高遠、規模要宏大之外,更重要的是對於我的鼓勵。」

一九四一年三月十九日錢穆在武大講學。那是嚴耕望首次聽錢穆的課,他發現,錢穆頗有政治演講家的風度,而在高瞻遠矚方面,還略勝一籌。

第九章　錢穆與弟子

在演講的開始，錢穆說，歷史有兩隻腳：一是歷史地理、一是制度。錢穆強調，這兩門學問是歷史學的骨幹，要通史學，必須以這兩門學問為基礎。

當時的嚴耕望正對這兩門學問發生興趣，聽了錢穆的話自然非常興奮：「此刻聽到先生這番話，自然增加了我研究這兩門學問的信心。」

不久，錢穆又在江蘇省同鄉會講「我所提倡的一種讀書方法」，對如何讀書、讀什麼書，做了具體的分析和指導：

現在人太注意專門學問，要做專家。事實上，通人之學尤其重要。做通人的讀書方法，要讀全書，不可割裂破碎，只注意某一方面；要能欣賞領會，與作者精神互起共鳴；要讀各方面高標準的書，不要隨便亂讀。至於讀書的方式，或採直闖式，不必管校勘、訓詁等枝節問題；或採跳躍式，不懂無趣的地方，盡可跳過，不要因為不懂而廢讀；或採閒逛式，如逛街遊山，隨興之所之，久了自然盡可奧曲。讀一書，先要信任它，不要預存懷疑，若有問題，讀久了，自然可發現，加以比較研究。若走來就存懷疑態度，便不能學。最後主要一點，讀一書，不要預存功利心，久了自然有益。

在武大講學結束後，歷史系師生開茶話會歡送，錢穆在會上勉勵各位同學，眼光要遠大，要給自己定一個三十年或五十年的規劃，不要只做三五年的打算。

錢穆這兩次的話對嚴耕望的治學產生了很大影響。

嚴耕望本來打算畢業後先去中學教書，但錢穆認為嚴耕望耐寂寞肯吃苦，就勸他去齊魯研究所做助理研究員，因為研究所的條件更適合做學問。嚴耕望這才決定赴研究所拜錢穆為師。

身為老師，錢穆站得高看得遠，在關鍵時刻，他的三言兩語往往給弟子以很大很重要的啟發。

一次，嚴耕望做學術報告，題目是：「兩漢地方官吏之籍貫限制」。報告中，嚴耕望提及他從一千多條資料中發現兩個現象：

一、武帝後，朝廷任命的長官都不是其統轄地區的本地人，縣令長一職都由外縣甚至外郡人擔任。

二、顧炎武說漢代州郡縣長官自由任用的屬吏都是本地人，從史料上看，他說的對。嚴耕望在演說中輕描淡寫地提到自己這兩個發現，錢穆聽後大為讚賞，他認為嚴耕望說的兩點是意義重大的發現，理由如下：「秦漢時代，中國剛由分裂局面進入大一統時代，地方勢力仍很強，且因交通不便，容易引發割據現象，若用本地人擔任縣令，不利於國家的統一。另外，由於外地人不諳本地民情，那麼，規定縣令必須任用本地人當屬吏，既可避免地方官任用私人，也便於行政事務的處理。所以，這一條規定很有意義，不能等閒視之。」

錢穆這番話讓嚴耕望大受啟發，他說：「這一席話啟示我研究問題時，不但要努力地搜取具體豐富的資料，得出真實的結論，而且要根據勤奮的成果，加以推論，加以發揮，使自己的結論顯得更富有意義。」

錢穆的教學不限於課堂，散步、遊玩中也不忘指點迷津，一次徒步旅行中，他對身旁的兩位得意門生錢樹棠與嚴耕望說：

我們讀書人，立志總要遠大，要成為領導社會、移風易俗的大師，這才是第一流的學者！專守一隅，做得再好，也只是第二流。現在一般青年都無計畫地混日子，你們有意讀書，已是高人一等，但是氣魄不夠。例如你們兩人現在都研究漢代，一個致力於制度，一個致力於地理，以後向下發展，以你們讀書毅力與已有的根柢，將有成就，自無問題，但結果仍只能做一個二等學者。縱然在近代算是第一流的成就，但在歷史上仍然要退居第二流。我希望你們要擴大範圍，增加勇往邁進的氣魄！

錢穆的教誨讓嚴耕望懂得，作為學者志向要高遠，胸懷要博大，並且還要以學問指導人生，以知識服務社會，亦即，做學問需坐冷板凳，對社會要有熱心腸。

嚴耕望勤奮好學，但卻有點自卑，所以只求「一隅的成就」，不奢望走第一流的路線，對此，錢穆抓住一切機會給他打氣，說：「（學術研究）只

第九章　錢穆與弟子

關自己的氣魄及精神意志，與天資無大關係。大抵在學術上成就大的人都不是第一等天資，因為聰明人總無毅力與傻氣。你的天資雖不高，但也不很低，正可求長進！」

也許覺得自己這番話弟子沒聽進去，過了幾天，錢穆又舊話重提，勸嚴耕望要樹立遠大抱負：「一個人無論讀書或做事，一開始規模就要宏大高遠，否則絕無大的成就。一個人的意志可以左右一切，倘使走來就是小規模的，等到達成這個目標後，便無勇氣。一步已成，再走第二步，便吃虧很大！」

錢穆還透過對中國學術界的批評激勵弟子在學問上力求精進：

中國學術界實在差勁，學者無大野心，也無大成就，總是幾年便換一批，學問老是過時！這難道是必然的嗎？是自己功夫不深，寫的東西價值不高！求學不可急。太急，不求利則求名，宜當緩緩為之。但太緩，又易懈怠。所以意志堅強最為要著！……要存心與古人相比，不可與今人相較。今人只是一時人，古人功業學說傳至今日，已非一時之人。以古人為標準，自能高瞻遠矚，力求精進不懈！

為了能讓弟子目光高遠，意志堅定，錢穆可謂苦口婆心，正如嚴耕望所說「隨時諄諄致意！」

在錢穆的教誨下，嚴耕望心中慢慢形成一個「中國政治制度史」研究計畫，擬傾畢生心力完成這一部書。錢穆對他的志向極為讚許，在散步中予以慰勉：「近人求學多想走捷徑，成大名。結果名是成了，學問卻談不上。比如「五四運動」時代的學生，現在都已成名，但問學術，有誰成熟了！第二批，清華研究院的學生，當日有名師指導，成績很好，但三十幾歲都當了教授，生活一舒適，就完了，怎樣能談得上大成就！你如能以一生精力做一部書，這才切實，可以不朽！」

錢穆與嚴耕望情同父子，不僅在學問上悉心指導，生活上也用心關照，但弟子有錯也絕不姑息。不過，錢穆批評弟子往往分場合、講分寸。一次，錢穆要嚴耕望去做某事，嚴遲疑未做。事後他很後悔就去老師家認錯，沒想到老師笑臉相迎。待嚴耕望表明悔意後，錢穆說：「我平日自知脾氣很壞，

昨日不願當面呵責，恐氣勢太盛，使你們精神感到壓迫，傷了你們銳氣。但昨日之事實不可諒。你們努力為學，平日為人也很好，所以我希望你們能有大的成就，但此亦不僅在讀書，為人更重要，應該分些精神、時間，留意人事。為人總要熱情，勇於助人，不可專為自己著想！」

明知弟子有錯，卻壓住內心的火氣，因為怕自己衝動之下出語傷人。待感情平復後再和弟子說理。錢穆對弟子的包容源自他對弟子的深切愛護。

嚴耕望曾有意將兩部《唐書》徹底整理一番，但完成這項工作須投入畢生的精力，同時，他也想從地理觀點研究隋唐五代文人各方面的發展情況，這項工作也須全力以赴。魚與熊掌，不可得兼，怎麼辦？只好求教於老師，錢穆略一思忖，即為弟子當機立斷：「你已花去數年的時間完成這部精審的大著作。以你的精勤，再追下去，將兩部《唐書》徹底整理一番，必將是一部不朽的著作，其功將過於王先謙之於兩《漢書》。但把一生精力專注於史籍的補罅考訂，工作實太枯燥，心靈也將僵滯，失去活潑生機。不如講人文地理，可從多方面看問題，發揮自己心得，這樣較為靈活有意義。」

聽了老師的話，嚴耕望不再猶豫，此後專心於歷史人文地理研究。直到晚年，他依舊認為這一選擇是正確的，而正是老師錢穆將其引入這一正確之路。

嚴耕望自卑時，錢穆多方鼓勵；而嚴耕望在學術領域聲譽鵲起時，錢穆則提醒他不能為名所累：「你將來必然要成名，只是時間問題。希望你成名後，要自己把持得住，不要失去重心。如能埋頭苦學，遲些成名最好！」

嚴耕望後來一直記著老師這句告誡，「自勵自惕，不敢或忘」：「五十年來，我對於任何事都採取低姿態，及後薄有浮名，也盡量避免講學，極少出席會議，都與先生此刻的告誡不無關係。」

一九七三年，香港中文大學歷史系講座教授牟潤孫於秋季退休。中文大學登出招聘啟事。以嚴耕望當時的學術聲譽，若應聘，將毫無懸念當選。友人極力勸說，他卻婉言謝絕。在他看來，自己是一個純粹的學人，任何高級

第九章　錢穆與弟子

的名位頭銜不過是一時的裝飾，不必去求。當他把自己的想法告訴老師後，錢穆在回信中對弟子的「寂寞自守」大加讚賞：

昨得來緘，不勝欣喜。弟不欲應徵中大歷史系教授，亦未為非計。擔此任職，未必對中大能有貢獻，不如置身事外，可省自己精力，亦減無聊是非。大陸流亡海外學術界，二十餘年來，真能潛心學術，有著作問世者，幾乎無從屈指。唯老弟能淡泊自甘，寂寞自守，庶不使人有秦無人之嘆！此層所關不細，尚幸確守素志，繼續不懈，以慰夙望。

嚴耕望學有所成之後能「淡泊自甘，寂寞自守」，一方面與其天性有關；另一方面也得益於老師錢穆多年的薰陶。

做筆記要留一半空白

錢穆創辦的新亞書院培養出來的最大學者是余英時。余英時坦承，自己的成長凝聚著老師錢穆太多的心血。他說，沒有錢穆，自己的生命將會是另外的樣子：「我可以說，如果我沒有遇到錢先生，我以後四十年的生命必然是另外一個樣子。這就是說：這五年中，錢先生的生命進入了我的生命，而發生了塑造的絕大作用。」

余英時是從燕京大學轉至新亞的。當時新亞初創，只有一年級，余英時轉學要從二年級開始，須接受一次簡單的考試，主考官就是錢穆。錢穆讓余英時用中英文各寫一篇讀書的經歷和志願。交卷後，錢穆當場閱卷，當即錄取。余英時說，這次特殊的考試對他而言是一件值得引以自傲的事：「因為錢先生的弟子儘管遍天下，但是從口試、出題、筆試、閱卷到錄取，都由他一手包辦的學生，也許我是唯一的一個。」

那時新亞的學生很少，水平參差不齊，錢穆教學時無法盡情發揮，必須盡量遷就水準低的學生。作為優等生的余英時在課堂上便覺收穫寥寥。他坦言，從錢穆那裡受益最多的是在課堂之外。余英時的父親也在新亞授課，錢穆與他們一家相處融洽，年節假日，他常和余英時一家去太平山頂或去石澳

海邊泡茶館，下棋、打牌、聊天，有時能玩上一整天。這個時候，他當然不會和余英時談學問，但不經意中的幾句點撥，卻讓這位弟子受用一生。

一年暑假，香港酷熱。錢穆胃潰瘍的毛病犯了，孤零零躺在教室的空地上。余英時去看他，問：「我能幫你什麼嗎？」錢穆說他想讀王陽明的文集。余英時便去商務印書館給他買了一部。在那樣艱困的環境，在那樣無助的時刻，錢穆唸唸不忘王陽明文章。他對中國文化的熱愛與痴迷給余英時留下難以磨滅的印象。余英時後來赴哈佛深造，對中國文化一直懷著溫情和敬意，想來和錢穆的言傳身教有極大關係。

余英時畢業後就留在新亞教書。不久，以助教身分赴哈佛訪學隨後又留在哈佛讀博士。儘管兩人相隔萬里，且余英時也有了新的導師，但錢穆依舊透過書信指點這位已出師門的弟子。

在錢穆眼中，余英時人才難得，但愈是器重，指導愈細緻，批評也愈嚴厲。在一封信中，錢穆對余英時某篇論文的批評坦誠而直率：「稍嫌不貼切」，「下語時時有含混不分明之處」，「立論，有過偏之處」，「不能有深細之闡發」。為了讓余英時在學術上盡快登堂入室，錢穆特別推薦他去讀葉水心《習學記言》、王船山《讀通鑑論》及章太炎《檢論》，說：「此三書須仔細閱之，得一語兩語可以有大用。」

關於論文體例方面，錢穆不憚其煩，提出意見，供弟子「採擇」：「在撰寫論文前，須提綱挈領，有成竹在胸之準備，一氣下筆，自然成章。」

錢穆直言，余英時論文「似嫌冗碎軟弱」——「未能使讀者一開卷有朗然在目之感，此似弟臨文前太注意在資料蒐集，未於主要論點刻意沉潛反覆，有甚深自得之趣，於下筆時，枝節處勝過了大木大幹。」錢穆提醒弟子：「此事最當注意。」

余英時論文中多次出現「近人言之已詳，可不待再論」字樣，錢穆告誡弟子：「此項辭句，宜一併刪去。」

余英時論文後面的附註多達一百零七條，錢穆認為太多了：「大可刪省，蕪累去而精華見，即附註亦然，斷不以爭多尚博為勝。」

第九章　錢穆與弟子

錢穆認為，附註和正文「只是一篇文字」，所以「不宜有所輕重」。

錢穆對余英時的指導不是泛泛而談，而是極富針對性。指出了弟子論文的缺點所在，又為他提供補救措施。如此有的放矢的教導自然能造成立竿見影的效果。

錢穆說：治學當就自己性近，又須識得學術門路。作為老師，他對余英時的性情與性格瞭如指掌，所以能「對症下藥」。他知道余英時才性、為文「近歐陽，不近韓柳」，所以勸弟子多讀歐陽修文章，當有事半功倍之效。

余英時喜歡熬夜，錢穆出於對弟子的關心，希望他戒除這一陋習：「又念弟之生活，卻似梁任公，任公在日本時起居無節，深夜作文，日上起睡，傍晚四五時再起床，弟求遠到，盼能力戒，勿熬深夜，勿縱晏起。」

從論文附註的內容，到生活習慣的好壞，錢穆都對弟子提出切實可行的建議，可謂「心之所愛，無話不及」。無論是誰，有這樣的老師都是難得的福分。

余英時曾發憤攻讀錢穆的著作《國史大綱》，為加深印象，余英時邊讀邊做筆記，把書中精要之處摘錄下來。當余英時把筆記本呈老師過目，請老師指教時，錢穆說了這樣一番話：「你做這種筆記的工夫是一種訓練，但是你最好在筆記本上留下一半空頁，將來讀到別人的史著而見解有不同時，可以寫在空頁上，以備比較和進一步的研究。」

錢穆這番話聽起來很尋常，但卻對余英時產生很大的啟示，他由此知道了錢穆對學問的態度：《國史大綱》是他對歷史的系統見解，但他不認為這是唯一的看法，而是允許別人從不同角度得出不同的結論。另外，錢穆的話也在提醒余英時，初學者，更應該在不同之處用心，然後去追尋自己的答案。余英時因此懂得，學問的系統應該是開放的而不是封閉的。他說：「從此以後，我便常常警惕自己不能武斷，約束自己在讀別人的論著──特別是自己不欣賞的觀點時，盡量虛懷體會作者的用心和立論的根據。」

錢穆對余英時的點撥、指導，常常具有「振聾啟聵的震撼力」：

當時我的計畫是讀完學位後回到新亞去執教，所以主要精力是放在西方歷史和思想方面。我的心理頗有些焦急，因為我實在騰不出太多的時間來專讀中國書，而中國古籍又是那樣的浩如煙海。我在給錢先生的信中不免透露了這一浮躁的心情。錢先生每以朱子「放寬程限，緊著工夫」的話來勉慰我，叫我不要心慌。這種訓誡真是對症下藥，使我終身受用無窮。

　　所謂「放寬程限」，就是說做學問是一輩子的事，不可能畢其功於一役，所以，不必心慌焦急；所謂「緊著工夫」，就是要時時有緊迫感，要認識到，只有付出一點一滴的努力，才會有一尺一寸的收穫。錢穆的話之所以讓余英時終身受用，是因為他說出了做學問的真諦，那就是，做學問如同跑一場沒有終點的馬拉松，彷彿遙遙無期，但如果你每一步都踏實，終有成功撞線的那一刻。

　　錢穆的話使余英時懂得，水滴石穿在於韌。做學問，最關鍵的就是要有「韌」勁。

　　哈佛大學曾邀錢穆去講演。因哈佛多次資助新亞，錢穆便對哈佛主事者表示感謝，對方卻說：「哈佛得新亞一余英時，價值勝哈佛贈款多矣，何言謝！」可見余英時在哈佛人心目的重要地位。余英時的脫穎而出乃至蜚聲中外，與錢穆的諄諄教誨，密切相關。

　　錢穆九十歲生日時，余英時寫了《壽錢賓四師九十》律詩四首，其四為：

海濱回首隔前塵，猶記風吹水上鱗。

避地難求三戶楚，占天曾說十年秦。

河間格義心如故，伏壁藏經世已新。

愧負當時傳法意，唯餘短髮報長春。

　　錢穆逝世後，余英時又寫了一副輓聯：

一生為故國招魂，當時搗麝成塵，未學齋中香不散；

第九章　錢穆與弟子

萬里曾家山入夢，此日騎鯨渡海，素書樓外月初寒。

一首詩，一副輓聯，表達了一個弟子對老師的深情和敬意。

第十章　傅斯年與弟子

　　山東好漢傅斯年，身材魁偉，狀若小山包，脾氣火爆，一點就會炸。他學問大、心腸好。混跡官場多年，書生本色不減，生來喜讀書，天性愛教書。有人譽之為「縱橫天岸馬，俊逸人中龍」，誠不為過。

　　海外遊學歸來，傅斯年在中山大學初試鋒芒出任文學院院長，後任職中央研究院，長袖善舞創辦歷史語言研究所；抗戰結束後不負眾望收復北大，為胡適出任北大校長掃平道路，最終執掌臺灣大學。

　　出任臺大校長後，為了讓學生接受高水平的教育，他費盡周折，遍尋名師；也鐵面無私辭退七十多位不合格教員。為改善學生的住宿條件，申請增加辦學經費，為此他受到某議員的質詢，在回答質詢時，宿疾復發，倒地不起。

　　臨死前他的遺言是：「我不能看著許多有為的青年因貧窮而被摒棄於校門之外。」

　　傅斯年多年擔任行政職務，公務繁忙，但他總是擠出時間為學生授課。

　　主持中山大學文學院時，他聘請老師、購買設備，制定計畫，忙得焦頭爛額，但仍堅持為學生開課。白天忙政務，深夜才能備課。他說：「日中無暇，每晚十一時動筆寫之。一日之勞，已感倦怠。日之夕矣，乃須抽思。」

　　一九四三年傅斯年在四川南溪縣李莊時，看到學生文化程度很低，對左右感慨一句：「又得教書了，不然讀書的種子要絕了。」

▍會讀書更能做事

　　在紀念北京大學建校五十二週年座談會上，傅斯年說出這樣一番妙語：「夢麟先生的學問不如蔡元培先生，辦事卻比蔡元培先生高明；我的學問比不上胡適先生，但辦事卻比胡先生高明。這兩位先生辦事，真不敢恭維。」一旁的蔣夢麟插話道：「孟真，你這話對極了，所以他們兩位是北大的功臣，我們兩個不過是北大的『功狗』。」「功狗」云云，是指其會辦事也。

第十章　傅斯年與弟子

傅斯年辦事高明，高明就高明在他既有原則性又不失靈活性。

傅斯年受命籌建中研院歷史語言研究所時，曾四處網羅人才。不惜代價，請來了赫赫有名的陳寅恪、趙元任和李濟，分別擔任歷史組、語言組和考古組的主任。

一九二九年史語所遷北平後，所中學者紛紛去北大、清華兼課，貼補家用。課兼多了，研究院的本職工作難免受到影響。於是，傅斯年提出，史語所成員不得在外兼課。可趙元任、陳寅恪對清華大學感情極深，堅持在清華兼課，否則，寧可辭去史語所工作。兩位大師，傅斯年得罪不起，只得對自己的話做了如下修正：「只有你們二位可在外面兼課，別人都不許。」由此可知，傅斯年辦事是兼具原則性和靈活性的。

傅斯年與陳寅恪私交甚好。兩人在柏林大學讀書時交往密切，兩人都嗜書如命，自律甚嚴。

抗戰時期，傅斯年雖患有高血壓等多種疾病，但卻拖著病體無微不至關心著陳寅恪。每次跑警報，別人往外跑，他卻晃著肥胖的身子，往樓上爬，因為陳寅恪住在三樓，他要把陳攙下樓。在傅斯年身邊工作的那廉君留下這樣的回憶：

孟真先生對朋友非常關心，抗戰期間，在昆明的時候，我們都住在雲南大學前面的靛花巷，西南聯大陳寅恪教授那時候住在三樓。陳教授對空襲警報最為注意，他的口號是「聞機而坐，入土為安」。「機」指飛機而言；「入土」者，入防空洞也。因為當時靛花巷樓下空地上挖有一個防空洞，但經常水深盈尺，陳教授不惜帶著椅子坐在水裡邊，一直等警報解除。每次警報一鳴，大家都往樓下跑，甚至於跑出北門，孟真先生卻從樓下跑上三樓，通知陳教授（因為有時候陳教授在睡早覺或午覺），把陳教授攙扶下來入了洞。

傅斯年與陳寅恪堪稱知音、密友，即便如此，傅斯年對陳的「特別關照」也是有限度的，比如，在外兼課可以；當倘若陳寅恪不能在所中上班，則只能拿兼職薪水，而不能領專任薪水。

一九四二年六月,陳寅恪人在桂林,而中研院總幹事葉企孫卻致信傅斯年,打算聘陳為史語所專職研究員:「以寅恪夫婦之身體論,住昆明及李莊均非所宜,最好辦法,似為請彼專任所職,而允其在桂林工作,不知尊意如何?」

葉企孫關心戰亂中貧病交加的陳寅恪,傅斯年感動當然也支持,但他提醒葉企孫,聘陳寅恪可以,不過由於陳遠在桂林,不能在所裡上班,所以只能聘陳為兼職研究員,拿兼職的薪水。為使葉明白自己的苦心,他在信中有這樣的解釋:「弟平時辦此所事,於人情之可以通融者無不竭力,如梁思永此次生病,弄得醫務室完全破產。寅恪兄自港返,弟主張本院應竭力努力,弟固以為應該。然於章制之有限者,則絲毫不通融。蓋凡事一有例外,即有援例者也。」

傅斯年的話合情合理,葉完全同意:「關於寅恪事,尊見甚是,請兄電彼徵詢其意見,倘彼決定在李莊工作,清華方面諒可容許其續假也。寅恪身體太弱,李莊昆明兩地中究以何處為宜,應由彼自定。」

本來,事情至此已塵埃落定。沒想到七月下旬,傅斯年從某辦事員的信中獲悉葉改變了主意。該辦事員在信裡透露這樣一個訊息:「葉先生函商院長聘陳寅恪先生為專任研究員,月薪六百外,加薪四十元,院長已批准照辦。俟葉先生將起薪月日函覆核,聘書即當寄貴所轉寄桂林也。」

說好了的事又反悔,且事前也不和身為所長的傅斯年溝通一下,對此傅斯年很光火,他想,等聘書寄到李莊,先將其扣留,再和葉企孫理論。

沒想到葉企孫料到傅斯年有這一著,他索性將聘書直接寄給了桂林的陳寅恪。這下傅斯年坐不住了,他向葉企孫發了一串聲明:

一、弟絕不承認領專任薪者可在所外工作。在寅恪未表示到李莊之前,遽發聘書,而六月份薪起,即由寅恪自用,無異許其在桂林住而領專任薪。此與兄復弟之信大相悖謬。

二、自杏佛、在君以來,總幹事未曾略過所長直接處理一所之事。所長不好,盡可免之;其意見不對,理當駁之。若商量不同意,最後自當以總幹

第十章　傅斯年與弟子

事之意見為正。但不可跳過直接處理。在寅恪未表示到李莊之前，固不應發專任聘書，即發亦不應直接寄去（以未得弟同意也），此乃違反本院十餘年來一個良好 Tradition 之舉也。

　　三、為彌補寅恪旅費，為寅恪之著作給獎（或日後有之，彼云即有著作寄來），院方無法報銷，以專任薪為名，弟可承認。在此以外，即為住桂林領專任薪，弟不能承認。此事幸寅恪為明白之人，否則無異使人為「作梗之人」。尊處如此辦法，恐所長甚難做矣。弟近日深感力有不逮，為思永病費，已受同人責言。今如再添一個破壞《組織通則第》十條之例，援例者起，何以應付。此弟至感惶恐者也。

以上聲明之外，傅斯年還提醒葉企孫，辦事一定要符合史語所有關手續：

　　即令弟同意此事，手續上亦須先經過本所所務會議透過，本所提請總處核辦。總處照章則辦理。亦一長手續也。又及與此事有關院章各條文：《組織通則》第十條，「專任研究員及專任副研究員應常在研究所從事研究」；第二條：「本院各處所及事務人員之服務均須遵守本通則之規定」。此外，間接有關者尚多，故領專任研究員薪而在所外工作，大悖院章也。

為避免陳寅恪誤會，傅斯年還寫信給陳，解釋自己和葉企孫的衝突緣由：「此事在生人，或可以為係弟作梗。蓋兄以本院薪住桂，原甚便也。但兄向為重視法規之人，企孫所提辦法在本所之辦不通，兄知之必詳。本所諸君子皆自命為大賢，一有例外，即為常例矣。如思永大病一事，醫費甚多，弟初亦料不到，輿論之不謂弟然也。此事兄必洞達此種情況。今此事以兄就廣西大學之聘而過去，然此事原委就不可不說也。」

其實，陳寅恪非常理解傅斯年的難處，對他的做法完全支持。即便傅斯年顧念私情，破例聘他為專任研究員，以陳的性格和做派，也絕不會接受的。事實上，他確實這樣做了。他給傅斯年的回信中，談到這一點：

　　弟尚未得尊電之前，已接到總辦事處寄來專任研究員聘書，即於兩小時內冒暑下山，將其寄回。當時不知何故，亦不知葉企孫兄有此提議。（此事今日得尊函始知也，企孫只有一書致弟，言到重慶晤談而已。）弟當時之意，

雖欲暫留桂,而不願在桂遙領專任之職。院章有專任駐所之規定,弟所夙知,豈有故違之理?今日我輩尚不守法,何人更肯守法耶?此點正與兄同意也⋯⋯

傅斯年此事處理得頗為妥當。聘遠在桂林不能駐所的陳寅恪為兼任研究員,既沒有違背有關規定,又可緩解陳寅恪的經濟壓力,可謂兩全其美;而葉企孫執意聘陳為專任研究員,違背了史語所有關章程,留下了話柄,陳寅恪若接受葉的聘任,也會影響自己的清譽。

傅斯年曾憑手中如椽之筆和口中如劍利舌,將孔祥熙和宋子文從行政院長的位子上轟了下來。他因此得了「傅大砲」的外號。

孔祥熙是蔣介石的連襟,他在國民政府中,以財大氣粗、人脈深厚而著稱。想把他轟走,談何容易。

傅斯年「批孔」,耗時長達八年,他最終能把孔祥熙轟出政壇,還得益於一個名叫陳賡雅的參政員。沒有陳賡雅提供的重磅炸彈,傅斯年這尊大砲也很難顯示出一鳴驚人的威力。

一九四五年七月七日,國民參政會第四屆第一次會議在重慶召開。當時,參政員陳賡雅蒐集到大量有關孔祥熙鯨吞美金公債的資料,並將其寫出詳細具體的提案,讓傅斯年過目,請傅斯年聯署。傅斯年大喜,有了這枚重磅炸彈,何愁孔祥熙不倒。

大會主席王世杰知悉此事後,怕事情鬧大,影響政府聲譽,於抗戰不利,便以威脅的口吻勸阻傅斯年:「案情性質尚屬嫌疑,若政府調查事實有所出入,恐怕對於提案人、聯署人以及大會的信譽都會有損的。」

敢當面頂撞蔣介石的傅斯年,哪裡把王世杰放在眼裡。他硬邦邦地將其頂了回去:「證據確鑿,請不必代為顧慮。」

與傅斯年私交不錯的陳布雷,也擔心傅斯年行動過火,開罪蔣介石。於是,他向蔣介石做了彙報。儘管一直袒護孔祥熙,但蔣對孔此次鯨吞美金公債一事也極為不滿,他說,孔只好辭職,所吞美金也要分期吐出。不過,蔣畢竟好面子,不想家醜外揚,他對陳布雷說,此事不能列入提案,否則會嚴

第十章　傅斯年與弟子

重影響政府聲譽，外國友邦若知道此事，恐不會繼續支持政府抗戰。蔣要陳布雷從中斡旋，讓傅斯年等寫一份書面檢舉直接交給蔣就可以了。

陳布雷找到傅斯年，他首先肯定傅的行為是出於愛國，接著提醒傅斯年，一旦將此事形成提案，外國友邦知道，恐很難再支持這樣腐敗的政府。如此一來，雖轟走孔祥熙，外國友邦恐怕也被轟走了。傅斯年覺得陳說的在理。事實上，傅斯年也絕不想因此事而影響外國友邦對中國抗戰的支持。但傅斯年也不想只向蔣介石交一份書面檢舉資料了事。他知道，蔣、孔關係非比尋常，檢舉資料交上去，很有可能是泥牛入海無消息。

於是，傅斯年決定採用折衷方法，不列提案，也不上交書面檢舉資料，而是在參政員全體出席時，提出一個「質詢案」，「質詢案」的題目是：「徹查中央銀行中央信託局歷年積弊嚴加整頓懲罰罪人以重國家之要務而肅常案」。在「質詢案」中，傅斯年呼籲，對貪汙腐敗、鯨吞美金之輩，一定要依法懲治。他還鄭重聲明：手中有確鑿的證據，如有必要，隨時可以對簿公堂。

傅斯年講完話，大會成員群情激奮，掌聲經久不息。傅斯年的話道出了很多人壓抑已久的心聲。

傅斯年此事做得漂亮、得力。蔣介石也很滿意。他親自召見了傅斯年，「對此事表示極好」，且對貪汙腐敗分子，「主張嚴正」，也就是嚴肅處理。

不久，孔祥熙頭上最後一頂烏紗帽「中央銀行總裁」也被擼去。至此，歷經八年，傅斯年的倒孔取得了決定性的勝利。孔祥熙這個毒瘤被徹底割除了。

老孔倒臺，傅斯年難掩興奮之情，在給夫人的信裡，他這樣寫道：

國庫局案，我只嚷嚷題目，不說內容，不意地方法院竟向中央銀行函詢，最高法院總檢察署又給公函給我要內容以憑參考（最近的事）。閉會後，孔祥熙連著免了兩職：一、中央銀行總裁；二、四行聯合辦事處副主席。老孔可給連根拔去矣（根是中央銀行）。據說事前並未告他。老孔這次弄得真狼狽！鬧老孔鬧了八年，不大生效，這次算被我擊中了，國家已如此了，可嘆，可嘆。

這一件官司（國庫局）我不能作為報告，只能在參政會辦，此事我大有斟酌，人證、物證齊全，你千萬不要擔心！把老孔鬧掉，我已為滿意……

傅斯年說「此事我大有斟酌」，確實如此。用「質詢案」方式炮轟孔祥熙，傅斯年是經過深思熟慮的。

這樣做，一則給了蔣介石面子。接受了蔣的勸告，沒有列入提案，倘和蔣介石硬頂，容易把事情弄僵，反而不利於事情的解決；二則維護了政府的聲譽，不致影響外國友邦對中國政府的看法，從而於抗戰不利；三、在全體參政員面前質詢，對蔣介石來說，是「敲山震虎」，對孔祥熙來說，是揭發聲討；而對參政員而言，則是放了一把同仇敵愾的火。可謂一箭三雕。

在民國學者中，傅斯年學問比不上陳寅恪，就連曾經的老同學顧頡剛，也後來居上，超過了他。不過，論骨氣、論血性、論辦事能力，傅斯年卻位居前列。

傅斯年辦事能力強，學問也非一般人可比。他的著作《周東封與殷遺民》幫胡適解決了一個大難題。

胡適《中國哲學史》提到古代服喪三年這個問題。胡適的困惑在於，孔子與弟子宰我對這個問題看法不一。宰我認為一年就夠了，孔子卻說：「夫三年之喪，天下之通喪也。」孔子之後一百年，滕文公繼位，孟子勸他，說服喪應三年，但滕國士大夫不同意，主張一年：「吾宗國魯先君莫之行，吾先君亦莫之行也。」他們的看法與孔子相異，誰對誰錯？

傅斯年的文章解決了這個問題，他說，當時周統治中國，老百姓多為殷之遺民；上層階級均用周禮，老百姓用殷禮。而孔子曾說：「丘，殷人也。」殷朝雖亡，但其後七百年，統治者與下層百姓習俗不同。孔子用殷禮，堅持服喪三年，沒錯；士大夫們用周禮，說一年就夠了，也沒錯。

胡適告訴我們，兩千多年來，是傅斯年首次用這個觀念來解釋《論語·先進》篇。這章的原文是：

子曰：「先進於禮樂，野人也；後進於禮樂，君子也。如用之，則吾從先進。」

第十章　傅斯年與弟子

傅斯年的解釋如下：

野人即是農夫，非如後人用之以對「斯文」而言；君子指卿大夫階級，即統治階級。先進後進，自是先到後到之義。禮樂是泛指文化，不專就玉帛鐘鼓而言。名詞既定，試翻譯作現在的話如下：

「那些先到了開化程度的，是鄉下人；那些後到了開化程度的，是上等人。如問我何所取，則我是站在先開化的鄉下人一邊的。」

先開化的鄉下人自然是殷遺民，後開化的上等人自然是周的宗姓婚姻了。

胡適激賞傅斯年的解釋，說：「我以為對這幾句話解釋得通才配讀經；如果解釋不通，不配讀經！」

傅斯年這篇文章解決了胡適心中懸而未決的問題。根據這一觀點，胡適後來寫了篇長達五萬字的論文《說儒》。

把才子氣洗乾淨

一九四一年王叔岷考取中研院文科學研究究所研究生，報到當天見到傅斯年，便呈上詩文請傅所長指教。傅斯年問他打算研究何書，王叔岷答：「《莊子》。」傅斯年嚴肅地說：「研究《莊子》當從校勘訓詁入手，才切實。」接著，傅斯年翻翻王叔岷的詩文，補充一句：「要把才子氣洗乾淨，三年之內不許發文章。」這句話如同當頭棒喝，讓王叔岷意識到，在史語所，只能堅守書齋，痛下功夫。

幾年下來，王叔岷遵循師訓，以校勘訓詁為基礎，博覽群書，廣輯資料，終摸到學術門徑。一九四四年八月，王叔岷完成了《莊子校釋》一書，博得傅斯年的讚許。

一九四六年傅斯年任北大代理校長，百事纏身，但卻影印了日本高山寺舊鈔卷子本《莊子》七卷，讓夫人回南京時帶給王叔岷。收到這七卷珍貴的《莊子》，王叔岷如獲至寶，急忙趕寫《莊子校釋補遺》。傅斯年百忙中依舊牽掛弟子的著述，王叔岷感戴不已，只能埋頭用功，以學問精進作為回報。

把才子氣洗乾淨

傅斯年擔心王叔岷是學術界新人，著作或被冷落，兩次提出要為《莊子校釋》寫序，王叔岷卻一再婉拒老師的好意。他想，自己的書理應文責自負，不必老師揄揚；另外，倘自己的書錯誤較多，恐連累老師。傅斯年理解尊重弟子的選擇，但仍熱心把這部書介紹給上海商務印書館出版。

對有真才實學的年輕人，傅斯年總是青睞有加。

嚴耕望大學畢業後工作不如意，想找個地方能繼續讀書，就給傅斯年寄去一份剛完成的論文。傅斯年很快回信，答應了嚴耕望想進史語所的要求，說：按論文程度，可為助理研究員，但按資歷只能為助理員。嚴耕望大喜過望，他本來就是想找一個能讀書的地方，對職稱毫不在意。報到後，傅斯年想把嚴耕望留在身邊當祕書，嚴耕望考慮自己拙於做行政工作，就拒絕了。傅斯年不以為忤：「那麼你就先到李莊史語所去，雖然正式的任命要等待所務會議透過，但應該沒有問題，你先去報到也沒關係。」

事後回憶此事，嚴耕望覺得自己太直率了。第一次見面就不聽單位主管的安排。多虧傅斯年度量大，才把自己的「不聽話」不當回事。

嚴耕望在史語所工作後，薪水低，家中常入不敷出。傅斯年便送他一筆錢，說是教育部審查論文的審查費，後來又親自拿著嚴耕望太太的履歷，為她找了份工作。

傅斯年去世後，嚴耕望回憶恩師對自己的關照，難掩激動之情：「其實他那時極忙，來訪的政要客人絡繹不絕，但仍記掛我這個小職員的生活，實在令人銘感不能忘。當時他拿著內人的履歷表走出史語所大門的步履姿態，至今仍常常浮現在我的眼前，這刻走筆至此，不禁涕淚交零，不能成字。」

傅斯年重原則講規矩，想走他的後門不可能。但對有真本領的年輕人，他也會破格錄用。

王利器大學畢業後，北京大學文科學研究究所在重慶招生，他拿著自己的獲獎論文《風俗通義校注》去報名。不久接到昆明的一個通知，要他去重慶參加考試。當時通訊不暢，等他收到通知，考試期限已過。但他不死心仍趕過去想補考。辦公人員告訴他卷子已送到史語所傅斯年那裡。王利器又趕

第十章　傅斯年與弟子

至史語所。傅斯年同意讓他單獨考。那天敵機頻繁轟炸，王利器不停地躲警報，一個上午沒答完幾道題。中午吃飯時，傅斯年對他說：「你回去吧，敵機瘋狂轟炸，很危險，不要再考了，你早就取了，還準備給你中英庚款獎學金。你去昆明還是去李莊，由你選擇。昆明有老師；李莊，中研院歷史語言研究所在那裡，有書讀。」王利器決定去李莊。後來在傅斯年等老師的指導下，王利器完成了長達三百萬字的論文《呂氏春秋比義》，奠定了在學術界的地位。

對於史語所裡的年輕人，傅斯年像愛護弟子一樣愛護他們。為了留住人才，傅斯年不惜和自己的好友、教育部長蔣夢麟鬧翻。原來，曾任浙江大學祕書長的劉大白想把史語所的徐中舒挖走，傅斯年說服徐中舒留任，將浙江大學給徐的聘書退回。當時劉大白是教育部常務次長，根本不買傅斯年的帳，讓浙大給徐中舒排了下學期的課，可傅斯年就是不放人。於是劉大白拉著教育部長蔣夢麟一道電令傅斯年：「迅予放行，勿再留難。」傅斯年一連回了兩封信，駁回對方的要求，最終留住了徐中舒。從傅斯年檔案中留下的兩封信，可知悉此事的來龍去脈。

傅斯年致蔣夢麟、劉大白

孟鄰、大白先生：

奉養電，不勝驚怪之至！案徐中舒先生，自去年（春）季來敝所，除其自己研究若干問題以外，還擔任主持檔案整理的事務。此項事務至少尚須二、三年，而其自己之研究，尤非長久不可。若中途他去，對敝所之不便，兩先生當然可以想像！

況且中舒在所，與同事相處甚得。陳寅恪、李濟之諸先生尤以感情及工作之故，不願見其他去。則浙江大學來拉時，我們要竭誠留他，當然不是犯法的事。

在上學期尚未放假時，中舒先生告我，浙江大學要聘他，他要去。我們即時留下他，即由斯年寄大白先生一信，這將及四個月了！

後來浙大寄了聘書，因為我們已將中舒先生留下，即把聘書代為寄還。斯年並附一信，說明一切。雖云一切罪過在我一人，然彼時實已將中舒先生留下，這又是將及三個月的事了！六月一日至四日間之一日，因敝院年會之故，晤到孟鄰先生，談及此事。孟鄰先生謂，當由徐先生自定；他要留研究所，便留。要去浙江，便去。我說，那就不成問題了！

所以斯年以為這事早已完了！請兩先生一想，這個手續哪節不對？頃奉盛怒之電，責以：「迅予放行，勿再留難。」百思不得其解。浙江大學排了功課，選了功課，此時固甚為難。然聘書退於兩三月前，而猶排功課，則責之在誰，實無問題。將此命令解釋之，實得下列之必然的 derivatives：

一、敝所無權留其現在之同事，如一留之便是「留難」。

二、浙大要請誰，便無挽回之可能，故斯年之兩函、一退聘書，並面得孟鄰先生之言，皆同塵埃，與沒有過一樣。所以長久退了聘書之後，照舊排功課，而因此不理會事實以生之困難，責在別人身上！

但，為什麼要有這樣原理呢？斯年破腦地想了一晚，不解。明天再想吧！

還有一件，斯年雖不解公事文章，然頗覺得「迅予放行，勿再留難」的話，彷彿只有稅關上通用。否則，中舒先生是個活人，我們不是軍隊，如何「留難」，如何「放行」呢？那麼，這話雖然意在責斯年，而不幸已把中舒先生作貨物看待了！頂禮的時候，偏擇了這樣一個不敬之詞，似亦大白先生手筆中千慮之一失也！一笑，勿罪！

如上所述，故礙難遵命。幸兩先生諒之！專此，敬請暑安！

斯年敬啟　八月廿三日

傅斯年致劉大白

大白先生次長勛鑒：現在已查出關於中舒先生事，與吾公往來信件之日期，敬制一日表，以為大文「留難」、「放行」等等之一證。

一、五月五日奉上一信，（六日快信發）聲明吾等留中舒之意。得廿日回信，謂不可。

第十章　傅斯年與弟子

二、旋於六月十七日，（十八日發）正式奉還中舒聘書，並更寫一信，敘述一切。此件未蒙覆書。

三、七月二日孟鄰先生云，此事由徐先生自決，若要去浙江，即去，若要留，即留。弟謂「那就無問題了」！

那麼，這事早了了！退的聘書，若非當時已經留下，我能偷了來嗎？此後如有異議，何不更寫信來？此事我所知之經過如此。現奉「迅予放行，勿再留難」之令，不勝感其不通之至！此電雖同列孟鄰先生名，然就稱謂及語氣論，為大作無疑。論公則敝所並非貴部屬轄，論個人則僕並非吾公之後輩。吾公不是反對文言文的嗎？這樣官場中的臭調文言，竟出之吾公之口，加之不佞之身，也是罪過！現請吾公收回成語，以維持《白屋文話》作者之文格詞品，不勝榮幸之至！專此，唯頌

籌安！

傅斯年拜啟　八月廿三日

如果不是特別愛才，傅斯年恐怕沒必要和老友蔣夢麟翻臉吧，也不會和教育部次長鬥氣了。

傅斯年脾氣就是這樣，為了人才，誰都敢得罪！

高標準嚴要求

傅斯年創辦中研院歷史語言研究所，就是為好學肯幹的年輕人提供一個讀書、研究的場所。當然，他要求這些年輕人能夠運用新工具、新觀念來評述新歷史。

凡具備「新工具」、「新觀念」的年輕人，傅斯年一概錄用；不符合標準的，則拒之門外。羅文干曾推薦歷史學家吳廷燮去史語所，傅斯年未接收，就因為此人雖也有學問，但沒有「新工具」、「新觀念」，不合標準。

對於所內的年輕人，傅斯年要求非常嚴格，不管是誰，都得在圖書館坐三年冷板凳，然後才能發表文章。在所內遇到年輕人，傅斯年會問他研究目

標、研究計畫，追問不休。後來年輕人見了他會躲得很遠。有時他出外公幹，年輕人便鬆口氣，但「胖貓」一旦回來，「小耗子」們就不敢偷懶了。

一次，一位助理研究員在外面散步時間較長，第二天傅斯年讓別人出門晒太陽，卻不許那位助理研究員去。他說：「你昨天晒過了。」

在他的嚴格要求下，史語所很多年輕人，後來都成了優秀的學者，在歷史學、人類學、語言學領域取得傑出成就。

傅斯年領導史語所的辦法說來簡單，就是定下規矩，嚴格執行。

傅斯年執掌臺大不過兩年時間，卻讓一所三流大學成為臺灣最好的大學。

傅斯年認為，學校好不好、糟不糟，只是一句話──人才集中不集中。剛上任，他首先整頓教師隊伍，聘用教師以才學為標準，各種請託，一律敬謝不敏。在學校會議上，他公開表態：「這半年以來，我對於請教授，大有來者拒之，不來者寤寐求之之勢。這是我為忠於職守應盡的責任，凡資格相合，而為臺大目前所需要者，則教育部長之介紹信與自我介紹信同等效力；如其不然，同等無效。」

他主持的第一屆教務會議就制定並透過了《臺灣大學教員聘任及升級標準》，其中最重要的一條是：「教員新任及升級根據學術成就、貢獻（見於著作或發明者）及年資、教學成績為準」。另外，傅斯年不允任何高官在臺大獲教授職位。

對於招生，傅斯年的要求也極為嚴格。他公開發表文章，宣布招生辦法：「這次辦理考試，在關防上必須嚴之又嚴，在標準上必須絕對依據原則，毫無例外。由前一說，出題者雖有多人，但最後決定用何一題，只有校長與教務長知道，這是任何人事前無從揣到的。印題目時，當把印工和職員全部關在一樓上，斷絕交通，四圍以臺北市警察看守，僅有校長與教務長可以自由出入。考題僅在考試前數點鐘付印，考試未完，監守不撤。⋯⋯錄取標準決定之前，不拆密封，故無人能知任何一人之分數及其錄取與否。」同時他也表明，絕不營私舞弊：「假如我以任何理由，答應一個考試不及格或未經考試的進來，即是我對於一切經考試不及格而進不來或不考試而進不來者加以

第十章　傅斯年與弟子

極不公道之待遇,這對於大學校長一職,實在有虧職守了。奉告至親好友千萬不要向我談錄取學生事,只要把簡章買來細細地看,照樣地辦,一切全憑本領了。我毫無通融例外之辦法,如果有人查出我有例外通融之辦法,應由政府或社會予以最嚴厲之制裁。」

正是靠一系列規章制度,和對這些規章制度的嚴格執行,傅斯年才杜絕了許多弊端,扭轉了不良的教風與學風,臺灣大學這才脫胎換骨,面貌一新。

臺灣大學現有「傅園」、「傅斯年大廳」、「傅鐘」,人們以此來紀念傅斯年,只因他對臺大的貢獻實在太大了。

菩薩心

傅斯年對下屬對學生要求確實嚴,但這種嚴恰恰出自一種深切的愛。

史語所在李莊時,條件艱苦,所內員工甚至無錢買肉,常吃素。一次傅斯年在重慶籌得一筆小款,附一封信帶至史語所分給員工,要求職位低人口多的家庭多分一點。職位高的人便表示不滿。而傅斯年在附信中已預先感慨:「你們分得這筆錢後,有人一定大吃,有人一定大罵。其實傅斯年是想公平分配的,但僧多粥少,為之奈何?」

臺大校訓出自傅斯年之手,是:「敦品、勵學、愛國,愛人。」傅斯年最重視一個人的人品,故列「敦品」為第一,而他本人在這方面也是無可挑剔。

傅斯年和政治圈接近,但不染一絲一毫官僚氣息,廉潔正派,疾惡如仇。臺大只有校長和總務長才有車,傅太太上下班都坐公車,從不搭校長的順風車。那位總務長太太不幸去世,他就去追一位護士小姐,節假日常帶她去郊外兜風,傅斯年知道後就警告他:「你要知道,汽油是人民的血汗。」

傅斯年任臺大校長,薪水不算高,家累又重,手頭頗為拮据。去世前三天,他想去吃一頓烤肉,曾向夫人提起,但因囊中羞澀作罷。傅太太談起此事,忍不住落淚。

傅斯年脾氣大,性子急,人稱「傅大砲」,但對學生卻有一顆菩薩心。

他接手臺大時,臺大校舍不夠,很多學生不得不住在校醫院的病房。傅斯年想方設法在短期內籌集一筆資金,在不到一年時間解決了八千多名學生的住宿問題。他曾對部下說:「我們辦學,應該先替學生解決困難,使他們有安定的求學環境,然後再要求他們用心勤學,如果我們不先替他們解決困難,不讓他們有求學的安定環境,而只要求他們用功讀書,那是不近人情的。」

在臺大,一校之長的傅斯年常常去學生宿舍看學生吃飯,見有學生伙食太差,便搖頭嘆氣,設法資助。

作家董橋的一篇散文題為「傅斯年是母雞」。傅斯年護學生確實像母雞護小雞。他有一句名言:我所辦的是大學,而不兼辦警察事務。如果沒有足夠證據,他絕不允許隨便抓捕學生。一些被捕學生也在他的營救下重獲自由。

傅斯年上任不久,臺灣爆發學潮,臺大也捲入其中。當局衝入學校搜捕學生。傅斯年為此向國民黨當局交涉,要求對學生不能武裝鎮壓,絕對不能流血。在他的捨命抗議下,臺大學生安然度過學潮風暴。

當時國民黨政府要求機關學校實行聯保制度,方法是公職人員相互監督,保證對方思想純正,一旦聯保中有人思想不正,保證人也要承擔監督不力的責任。當局要臺大辦理聯保手續,傅斯年堅拒。他聲稱臺大所有人思想都很純正,絕無問題,一旦發現問題,由校長一人負全部責任。結果,臺大沒有實行聯保制度。這不僅保護了教師和學生,也捍衛了學術的獨立和尊嚴。

一九五○年十二月的一個冬夜。傅斯年埋頭趕稿。妻子催他早點休息,他說:「我正為董作賓主編的《大陸雜誌》趕文章。想掙點稿費買幾尺布、一綑棉花,讓你為我縫一條棉褲。」

幾天後,傅斯年竟因病去世。當傅斯年的弟子和好友前來悼念時,傅太太含淚向他們說了這件事:「那晚他熬夜,若不是他說要換稿費買棉褲,我也不會任他辛勞。」一旁的董作賓忙掏出一沓錢說:「這就是那筆稿費。傅先生囑託我把這筆錢交給您。先生跟我講了,自從你嫁了他,沒過上舒心的日子,這篇文章的稿費,是要留給你補貼家用的。做棉褲之說,只是先生的

第十章　傅斯年與弟子

託詞。」這時，一個學生站起來，也拿出一疊錢說：「不，這才是先生最後的稿費。」原來，這是個貧困生，交不起學費，傅斯年就資助了他一筆錢，學生不肯收，傅斯年說：「這是我剛收到的稿費，還不知道怎麼花了。」

這件事，顯示了傅斯年人品之高尚，也表明他會辦事。他撒了兩個善意的謊，前一個謊安慰了妻子，後一個謊讓學生心安。

「師者，父母心」，意思是當老師的心情和做父母的一樣。大學校長傅斯年，對學生就有一顆這樣的「父母心」。

第十一章　葉企孫與弟子

一九一一年二月，葉企孫考取了北京清華學堂，是清華學堂的第一批學生。入學不久，辛亥革命爆發，清華學堂解散。葉企孫又回到上海。為了繼續學習，他又考了上海兵工學校。在一堂課上，他的表現給老師吳蘊初留下深刻印象。

那天，吳老師把一首杜牧的詩抄在黑板上：

折戟沉沙鐵未銷，自將磨洗認前朝。

東風不與周郎便，銅雀春深鎖二喬。

吳老師問：這是一首什麼詩？有學生答是詠史詩，也有說是敘事詩。這時，葉企孫卻非常肯定地說：「這是一首哲理詩。」老師問：「何以見得？」葉企孫答：「這首詩透過古代的兵器，以小見大，由淺入深，寫出了事物之間的內在聯繫，耐人尋味，引人深思。」儘管吳老師不完全同意葉企孫的觀點，但葉企孫的獨到的眼光卻令他吃驚。事實上，葉企孫的回答顯露出他好學深思的品性。

一九一三年，清華學堂又重新開辦了。葉企孫得以重返清華。臨行前，他拍照留念。由於緊張、拘謹，那張相照得不理想。在相片的背後，葉企孫題下幾行「自我批評」的文字：

一、戴平頂草帽則照片形式不佳

二、右手置花架上置法尚未得宜

三、二足如此擺列不雅觀

四、長衫多皺處

當時的葉企孫不過十五歲，竟能如此冷靜而老道地「自我剖析」，足見其少年老成。

一個人的成熟標誌就是能不斷自我省察。而中學時代的葉企孫就能做到這一點。

第十一章　葉企孫與弟子

一九一五年，十七歲的葉企孫與同學鄭思聰、洪深在寢室裡高談闊論了一番，晚間，葉企孫在日記裡記下了這次談論的收穫：

今日予語鄭君思聰曰，凡勞力之人，必寡情慾，因情慾等事，腦之作用，非肉體之作用，常人做事，心力不能並用。勞力時心常清淨；勞心時每懶於用力。今既勞力，則心慮必去；心慮去則情慾自去。今日學校盛行體育，雖大效在於練成強有力之身體，以適於生存之競爭，然於德育上能消除情慾，亦未必無間接之效也。

近世監獄制度，多使囚人多苦工，亦即此意。予又謂，人生無聊之時，每冥然而思，涉於情慾；試觀夜不成眠及醒而不起之人，其腦中必百慮交至，而涉於情慾者為多。故衛生家寢後求速眠，醒後即起床，蓋其用意，毋使此身有怠惰之時而涉於惡念也。予語時洪深君適在側，遽爾曰：『子何以知他人之思念？意者足下於夜不成眠及醒而未起之時，未嘗不悠悠吾思乎？』予答之曰：「噫！此言而實也。則吾之思慮，君亦何由知之？假而不實，則吾亦安能自辯？吾不知爾之思，爾亦不知吾之思。人生於世，如此而已耳，如此而已耳！」

十幾歲的少年幾乎都喜歡睡懶覺。而葉企孫卻透過自己的深思，「逼」出睡懶覺的深層根源；且能以子之矛攻子之盾化解同學的反詰。思考之深，反應之快，於此可見。

明其道計其功

葉企孫敏於觀察，勤於思考，看問題的角度總是與眾不同，往往能在別人習焉不察的地方看出問題，也能透過現象看本質，一眼洞穿問題的關鍵。

早在高中時，葉企孫對當時出國留學生選擇專業的盲目有一針見血的分析：

徐志誠先生云，吾國青年之留學美國者，其不似魯賓遜之造船者幾希。當其在清華中等科時，毫不計及文實二科，於己何者為宜。一旦升入高等，則隨聲附和，任入一科，甚至當入於文者，反入於實，當入於實者反入於文，

既至高等亦然，毫不計及他日留美，何種學問，於己最宜。光陰如矢，轉瞬四年，高等又畢業矣，將送往美國矣，乃始於一月之中決定終身大事，欲其無誤，得耶？況至美國後，投考學校，一科不取，即改他科，其宗旨之無定，更有甚於以上所云者耶？夫一人有一人最長之能力，唯此種能力不易發現，欲他人發現之尚易，予自己發現之更難。

古人云，知己較知人更難，即此意也。故欲決定自己於何種學問專長，以為將來專究之目的，極不容易，古來大學問家有廢十餘年以決終身之行止者矣，而今於極短之時間中，遽定終身之大事，無論其貽誤終身，則幸爾獲中，亦非堅定之宗旨，欲其專心於學問，得乎，嗚呼！留學生之費，美國退還之賠款也，既退還矣，謂之中國之財，而亦不可。中國以巨萬金錢，供給留學生，當如何艱難困苦，謀中國之福，而乃敷衍從事，不亦悲乎。

葉企孫這段話告訴我們，高中生選科，留學生選專業，都要慎重，都要根據自己的特長和興趣，不能附和他人，草率選擇，也不能急功近利，無視自身條件，一味選擇所謂的熱門的實用的專業。

陳寅恪也曾在美國哈佛大學留過學，他也注意到中國留學生選擇專業「唯重實用」，對此，他提出了批評：

「中國之哲學、美術，遠不如希臘，不特科學為遜泰西也。但中國古人，素擅長政治及實踐倫理學，與羅馬人最相似。其言道德，唯重實用，不究虛理，其長處短處均在此。長處，即修齊治平之旨。短處，即實事之利害得失，觀察過明，而乏精深遠大之思。故昔則士子群習八股，以得功名富貴；而學德之士，終屬極少數。今則凡留學生，皆學工程、實業，其希慕富貴，不肯用力學問之意則一。而不知實業以科學為根本。不揣其本，而治其末，充其極只成下等之工匠。境遇學理，略有變遷，則其技不復能用，所謂最實用者，乃適成為最不實用。至若天理人事之學，精深博奧者，亙萬古，橫九垓，而不變。凡時凡地，均可用之。救國經世，尤必以精神之學問（謂形而上之學）為根基。乃吾國留學生不知研究，且鄙棄之，不自傷其愚陋，皆由偏重實用積習未改之故……夫國家如個人然，苟其性專重實事，則處世一切必周備，而研究人群中關係之學必發達。故中國孔孟之教，悉人事之學。而佛教則未

第十一章　葉企孫與弟子

能大行於中國。尤有說者，專趨實用者，則乏遠慮，利己營私，而難以團結，謀長久之公益。即人事一方，亦有不足。今人誤謂中國過重虛理，專謀以功利機械之事輸入，而不圖精神之救藥，勢必至人慾橫流，道義淪喪，即求其輸誠愛國，且不能得。西國前史，陳跡昭著，可為比鑒也。」

把這段話與葉企孫上面的話對比一下，可發現，他倆雖然都批評了留學生選擇專業的「唯重實用」，但兩人的著眼點卻完全不同。

葉企孫提醒人們，選專業要慎重，要深思熟慮，要根據個人的興趣和特長選擇適合的專業，不能附和旁人，不能隨大流；而陳寅恪則強調，選擇專業，愈是追求實用，愈是事與願違。「所謂最實用者，乃適成為最不實用」；相反，如能專心研究博大精深之學問，浸淫形而上之學，反而能確立「救國經世」之根基。最終，無用之用，終成大用。

陳寅恪對知識的態度類似於希臘人。周作人在《希臘人的好學》一文中，介紹了希臘人對知識的態度，所謂「明其道不計其功」：

好學亦不甚難，難在那樣的超越利害，純粹求知而非為實用。──其實，實用也何嘗不是即在其中。中國人專講實用，結果卻是無知亦無得……我們不必薄今人而愛古人，但古希臘人之可欽佩卻是的確的事，中國人如能多注意他們，能略學他們好學求知，明其道不計其功的學風，未始不是好事，對於國家教育大政方針未必能有補救，在個人正不妨當作寂寞的路試去走走耳。

在太平盛世，我們可以沉醉在「純粹求知」的樂趣中，可以對學問、知識抱「明其道不計其功」的態度。然而，在國難當頭，民不聊生的特定背景下，熱血青年哪能抱著「超越利害，純粹求知」的態度去學習呢？

試想，在中國處於生存危急之秋，青年們若躲進小樓精研「超越利害」的學問，若干年後，等這些「無用」的知識轉化成「救國經世」之力量，我們的國家能否存在都是個問題。另外，當外國侵略者肆意踐踏中國領土之際，青年們也不可能有超然物外的心情來「純粹求知」了──事實上，即便他們想靜下心做形而上的學問，恐怕也找不到一張平靜的書桌了。

在這樣的背景下，葉企孫恐怕不會同意胡適的話：「社會需要的標準是次要的」；也不能認同周作人所稱道的對知識的態度：「明其道不計其功。」在特定的時代背景下，葉企孫選擇人生目標時，既會考慮個人特長，也要考慮社會標準，既明其道，也計其功。

一九二三年，葉企孫在美國哈佛獲得博士學位回到中國。按照個人的特長和興趣，葉企孫本可以躲進書齋和研究室，專心研究，實現自己的理想：成為一名科學家。憑著他的聰慧、執著、刻苦，他完全可以夢想成真。

然而，經過一番深思熟慮，他放棄了成為科學家的想法，決定投身教育，為中國培養眾多的科技人才。他認為，一個科學家救不了國，一群科學家卻一定能讓中國崛起。其實，葉企孫口才不佳，不喜交際，本不適合做教師，但為了改變中國貧窮落後的面貌，把中國從列強的炮火中拯救出來，葉企孫知難而上，放棄成名成家的念頭，全身心投入到教育事業中，為培養科技人才而夙興夜寐，披肝瀝膽。

葉企孫的努力沒有白費，自他回國後，短短二十年，他就為中國培養出一批科技精英。新中國成立後，中國的科技隊伍就由這批精英組成：王淦昌——中國核武器之父；趙忠堯——核物理學家；趙九章——地球物理學家；錢三強——核物理學家、中國科學院院士；王大珩——應用光學專家；鄧稼先——中國「兩彈」元勛；周光召——「兩彈一星功勛獎章」獲得者等。這些名聞遐邇的科技精英，有一個共同的老師——葉企孫。

在這些精英們還是青澀的莘莘學子時，葉企孫把科學救國的思想灌注在他們的腦海裡，幫助他們樹立了科學救國的遠大抱負，領著他們踏上「為中華崛起而讀書」的漫漫人生路。

透視一下王淦昌的成才之路，我們可知，這些精英們面臨人生抉擇的關鍵時刻，葉企孫的諄諄教誨造成了舉足輕重的作用，他們的成長凝聚著葉企孫的心血。

王淦昌考入清華，選的是化學系，後在葉企孫循循善誘的引導下，他才改選了物理：

第十一章　葉企孫與弟子

二年級時，我和施士元都轉到物理系了，這是怎麼發生的呢？是葉師的為人品德、他對學生的厚愛、他的教學，像磁石吸鐵那樣把我吸引到物理科學事業中去了。有一次上普通物理課，葉師在大課堂上給我們演示伯努利原理，他拿著一個帶有管子的小漏斗，另一手把豌豆從漏斗上放下去，同時用嘴在管子的另一端吹氣，豌豆飄在漏斗中間，既掉不下來，也沒有被吹的氣沖走。這現象非常有趣，又耐人思索。

葉師站在講台上問：「我們在座的各位同學，有沒有人能夠解答這個問題？」我想了想，就站起來解釋了這個問題，他聽了非常高興，說我理解問題清晰準確，自這以後，他經常找我，和我談許多物理問題，關心我的學習和生活，告訴我學習有困難和問題時，隨時都可以去找他。在葉師的循循善誘下，我逐漸覺得物理實驗也很有意思。就這樣，在進入專業課學習時，我選擇了物理，從此決定我半個多世紀以來始終在物理的海洋中遨遊！

葉企孫不僅讓王淦昌選擇了物理專業，也把科學救國的「種子」播進他的心中。

震驚中外的「三一八慘案」廣為人知，王淦昌也參加了那次集會遊行。當晚，他和幾位同學去葉企孫家，向老師描述了白天驚心動魄的場面。葉企孫聽後，激動地問他們：「誰叫你們去的？你們明白自己的使命嗎？一個國家，一個民族，為什麼會落後，為什麼會挨打？如果我們國家像大唐時代那樣強盛，這個世界誰敢欺負我們？一個國家與一個人一樣，弱肉強食是亙古不變的法則，要想我們的國家不遭外國凌辱，就只有靠科學！科學，只有科學才能拯救我們的民族。」

聽了老師這番憤激之語，「科學救國」的種子從此就在王淦昌心中生根發芽。

幾年後，王淦昌在德國柏林拿到了博士學位，導師出於好心勸他留在德國工作。他對王淦昌說，中國研究條件差，設備陳舊，回國會影響你的前程。這時候，王淦昌又想到葉企孫說的那句話「科學，只有科學才能拯救我們的民族」，他謝絕了老師的好意，義無反顧選擇回國，開始了披荊斬棘、篳路藍縷的「科學救國」人生之路。

錢偉長是著名歷史學家錢穆的侄子。當年他考清華時，中文和歷史都是滿分。學術大師陳寅恪和楊樹達預言，錢偉長必將成為文史領域的新星。時值「九一八」事變，日本吞併東三省的野蠻行徑激怒了錢偉長。他決定棄文學理。他認為，在那樣一個戰火紛飛的年代，學習物理，比學習文史能更快更有力地報效中國。

然而，按照清華校規，新生不能轉系，後在葉企孫的幫助下，錢偉長才得以轉學物理，終成名揚中外的物理學家。雖然，錢偉長學物理，犧牲了自己的文史特長，但從中國需要的角度來看，錢偉長轉學更具應用功能的物理學，顯然利大於弊。而葉企孫之所以幫助錢偉長轉系，也是因為他更看重物理學的社會功用。

清華大學改制後，一批舊制下的學生，擔心改制後影響自己出國，要求提前放洋。當時，清華大學的最高權力機構是教授評議會，葉企孫是評議會成員之一，他堅決反對學生「提前放洋」的無理要求，在學生大會上，他諄諄告誡學生：要多為國家和社會考慮，不要只顧打自己的小算盤。

選擇專業或職業，當然要考慮自己的特長和興趣，但更要考慮中國和社會的需要。必要時，寧可犧牲自己的興趣，也不能無視社會的急需。葉企孫就是按這個原則，把自己定位於教育家的角色，引導學生們走一條既能發揮特長又能利國利民的人生之路。

有人說，大科學家是由大科學家挑選和培養出來的；那麼，我們也可以說，大師是由大師挑選和培養出來的。葉企孫正是這樣的大師。他和他的弟子，對知識的態度，就是，明其道也計其功。

明科學之道，計社會之功。

▌實驗做不好，理論也要扣分

一九三二年，清華大學向全國招考公費留學生。葉企孫根據當時國際形勢，又廣泛徵求權威人士的意見後，特意去找龔祖同談話。葉企孫說：「應用光學在軍事上非常重要，現在世界上各個強國都在研究它，這個領域在中

第十一章　葉企孫與弟子

國還是空白。我想派一名學生去國外去學應用光學，希望你能考取這個名額。」龔祖同說：「是空白我就去補它。」於是，他從核物理研究專業中退出，改變專業方向，一番苦讀，順利考取了這個名額，遠赴德國攻讀應用光學。龔祖同後來成了中國光學的奠基人。

葉企孫一句話，讓中國建立了一個新的應用光學領域。可見，對國家而言，教育家的眼光多麼重要。

作為老師，葉企孫強調精講多練。對於重、難點地方，他花大氣力講解分析，然後安排習題讓學生做。學生必須憑自己的努力來完成作業。有時，學生們思冥想，不得要領；然而一旦找到解題的方法，則終生難忘。

葉企孫是物理老師，特別重視實驗課。在實驗課上，誰想偷懶都沒門，他會逼你動手。很多學生，被他「逼」成實驗高手。

葉企孫不僅因材施教，他的考試方法也因人而異。一次考統計物理時，他把一本德文版的統計物理學專著給學生王大珩，讓他讀完這本書，然後根據這本書的內容寫出自己的見解。王大珩當時對德文一知半解，但為了透過考試，只能死啃德文。廢寢忘食，連續作戰，王大珩終於讀懂了這本書，順利寫出讀書報告。當然，他的考試也獲得高分。

透過這次考試，王大珩不僅學到了物理學方面的指示，德語也有了質的飛躍。這為他後來赴德深造奠定了堅實的基礎。

李政道的脫穎而出，也得益於葉企孫對他的「另眼相看」。當時李振道在葉企孫班上學電磁學。葉企孫上課時，李政道總在看別的書，原來，電磁學的知識李政道早就掌握了。葉企孫了解情況後，便對李政道說：「既然電磁學的理論知識你已掌握，何必來聽課浪費時間。你的實驗是薄弱環節，你就把時間花在實驗上面去吧！」

後來，電磁學考試，李政道認真答題，自信沒有錯誤。可葉企孫卻給了八十三分。李政道去老師那裡問個究竟。葉企孫拿出試卷，說：「理論成績總分六十分，我給了你五十八分。這已經是全年級最高分了。但實驗總分四十分，你只得了二十分，所以，你的實驗還得加強。而且，正因為你實驗

成績不佳，所以理論成績不能給你滿分。」葉企孫還對李政道說：「實驗做不好，你很難進入物理學的前沿」。

葉企孫對李政道的要求，嚴格得近乎苛刻，這是因為他看出李政道是可造之才，一心要把他培養成第一流的物理人才。

李政道上大二那年，葉企孫就推薦他出國留學。十一年後，李政道即榮獲諾貝爾獎。

如果沒有葉企孫的嚴格要求和大力舉薦，李政道恐怕不會那麼快地在物理學領域嶄露頭角吧！李政道後來在一次講演中吐露了對葉企孫老師的感激與崇敬：「沒有葉老師，就沒有我後來的成就。葉師不僅是我的啟蒙老師，而且是影響我一生科學成就的恩師！」

給學生自由選擇的權利

葉企孫對學生的要求確實嚴格，但他對學生的關愛也非一般教師可比。他一生未婚，生活簡樸，經濟條件較寬裕，住房也寬敞，所以常請學生去家中吃飯，甚至提供住所。當然，生活上關心歸關心，一旦學生某方面有了錯，哪怕是很小的錯，他也毫不留情當面指出。

一次，某學生向葉企孫請教問題，用左手重重地翻著書頁，葉企孫看到，很不高興，批評道：「像你這樣翻書，用不了多久書就全爛了。國家花錢買這些書不容易。」說著，他用右手輕輕翻開書頁的右上角，果然，書既不卷頁，也翻得快。葉企孫教的這種方法，這個學生記了一輩子，還把這種方法傳給自己的孩子。

該批評，批評；該保護，還得保護。

當時清華一年級不分系，二年級根據成績和學生的志願再分。葉企孫要求嚴，成績不高的學生他一般不收。每次學生去報名，對於成績未達標的學生，他微笑婉拒。有學生不服，要看自己成績，葉企孫也微笑婉拒，其實他是不想讓學生看到糟糕的成績而難為情。這個細節體現了他對學生自尊心的愛護。

第十一章　葉企孫與弟子

教師和學生朝夕相處,他的一言一行、一舉一動都會對學生產生很大的影響。

王大珩就坦言,葉老師對他最大的影響不是治學而是做人。他說:「葉先生做人真誠正直,不溫不火。無論在什麼情況下,他從不譁眾取寵,也絕不趨炎附勢。」有人問王大珩,最佩服老師哪一點,他答:「葉老師有一顆誠摯的愛國之心。只要是對國家民族有利的事情,他就一定要傾盡自己的全力去做,而且無怨無悔。」

無論是科學知識還是做人道理,葉企孫都不會強行灌輸,而是春風化雨、潤物無聲。葉企孫的弟子施士元曾說:「葉先生從來不會直接替學生包辦,他留給學生自由選擇的權利。」施士元赴法國深造前夕,葉企孫為他講居里夫人的故事,幫他借了居里夫人的傳記,還和他分析該學習居里夫人哪方面:愛國情懷?鑽研精神?高潔情操?施士元說,在葉師和他談這些時,已經為他做出了人生的重大選擇,已經把一條路鋪在他的腳下,儘管從表面上看,葉師似乎並沒有談及這些。這才是高明的老師,不著一字,盡得風流。

▎課上得不好,卻對得住學生

一位大師,不僅要有廣博學識、獻身精神,還要有坦誠謙遜的胸懷。葉企孫的寬厚、謙遜,感人至深。

一次上物理課,已到下課時間,一位同學向葉企孫請教一個問題。這時下課鈴響了,葉企孫就對那位同學說:「我回去想想再來解釋。」

後來這位學生又向助教林家翹請教這一問題。沒想到,林家翹三言兩語就把這問題解決了。有人把這事告訴了葉企孫,葉沒有一絲的尷尬和難為情,而是大讚林家翹,說:「林先生聰穎過人,又努力鑽研,來日必有輝煌成就。」

學生馮秉銓讀書用功,文科成績優秀,但數學不理想,葉企孫就勸他轉學文科,可馮說自己喜歡物理不願轉系。葉企孫勸道:「你數學不好,怎麼學好物理。」馮秉銓則請老師給自己一個機會,如果下學期數學再考不好,

就轉系。接下來的一學期，馮秉銓做了上千道數學題，成績突飛猛進，終如願留在物理系。

一次，馮秉銓和其他同學一道去看望葉企孫。葉留他們吃晚飯，還略飲了一點酒。微醺之際，葉企孫說：「我課上得不好，對不住你們。但我有一點卻對得住你們，我請來教你們的老師個個比我強。」

葉企孫的「酒後吐真言」，讓弟子們的內心蕩起一圈又一圈感動的漣漪。

後來，在給老師的信裡，馮秉銓寫道：「您的話成了我自從清華畢業之後四十多年的工作指南。四十多年來，我可能犯過不少錯誤，但有一點可以告慰於您，那就是，我從來不搞文人相輕，從來不嫉妒比我強的人。此外，對年輕一代也比較關心愛護。這些，我認為是受您的影響。」

名師是這樣煉成的

民國時期，大師輩出；當今時代，大師闕如。何以如此？讀一下葉企孫的日記，或許有助於我們找到問題的癥結所在。

一九一五年七月二十六日，葉企孫在清華讀完兩年（相當於現在的高中二年級）時剛滿十七歲。那年暑假，他到上海求新機器廠及同昌紗廠參觀。他在日記記述了這次參觀經過，並作如下評論：「噫！海通以來吾國人屢受巨創，振興實業以富國之說，固人人能言之，而確有事功者不數數覯。如朱君伯仲者，誠實業界中之鴻毛鱗爪也。惜朱君有志有為而無識，經濟一門，更少有研究，故兩廠雖歷十餘年，而盈餘頗少，推源其端，厥有二端：（一）廠基不廣而分工太細，故費用多而利息少；（二）各種機械求新廠均能仿造而不能專精於一種，故材料人工，不免濫用。此二端雖斷斷於言利，實於工業之盛衰有深係焉。蓋百工所以厚生，而厚生非利不可，苟無餘利，國家何必歲費巨金以建工廠哉。予參觀畢，心有所感，記之，後人欲建工廠者，可以覽於斯文。」

第十一章　葉企孫與弟子

李政道讀了上面這番評論，大為感慨：「當時葉師只是高二學生，就如此關心國家之發展，且能注意到辦廠的經濟效益問題，可見他日後成為一代名師，絕非偶然。」

葉企孫在清華讀書時，清華要求學生德、智、體全面發展，功課要及格，體育也要及格，還必須學會游泳。另外，鼓勵學生組織課外活動，如科學討論會，一般會員每學期一分，主持者可得三分。

葉企孫入學後，就和幾位同窗成立了「科學會」，舉行了多次討論會。社員演講的題目有：「幾何學之基礎」、「何謂力」、「天演學說之證據」、「森林衛生」、「蘋果接種」、「中國造紙法及歷史」、「江西之瓷業」等。

對這件事，李政道的評價是：「由此可看出這些高中生的思想境界和知識面，他們查閱文獻、進行社會調查，理論聯繫實際，透過這些活動，得到全面發展，許多人後來成為著名科學家、教育家。作為『科學會』主要組織者的葉企孫老師，則從此以後一直積極參加和組織各種志在科教興國的社會事業，鞠躬盡瘁，死而後已。他是我們的模範。」

大學之大，不在於有大樓，而在於有大師。而當今高校，大師缺席，由此造成的巨大空白，令我們惶惑、悵惘、無奈！因此，我們也更加懷念那個誕生了葉企孫等諸多大師的星光熠熠的時代。

第十二章　王力與弟子

　　王力，字了一，廣西博伯人。一九三一年獲法國巴黎大學文學博士學位。回國後，曾任清華大學、廣西大學、昆明西南聯合大學、中山大學、嶺南大學教授。一九五四年後任北京大學一級教授。

▎大牛帶小牛

　　王力是學術大師，也是北大名師。語法課內容一向單調、枯燥，但王力卻以廣博的學識、生動的語言，將這門課變成最受學生歡迎的課，堂堂爆滿，十分叫座。

　　香港大學馬蒙說：「王力的《漢語講話》很叫座，深受學生歡迎。我當時是班上的一個學生。每週只聽兩次課，先生講課的風采一直銘記在心裡。特別是先生那種娓娓不倦、條理分明的講話神態，給我留下非常深刻的印象。」

　　香港女作家宋貽瑞也曾在北大求學，是王力的學生。在一篇文章中，她說：「王力教授是我選修古代漢語課程的導師。在那坐滿黑壓壓的學生的階梯式大課堂裡，王教授那充滿睿智的精彩講課，培養了我對古代漢語的濃厚興趣。」

　　能把一門枯燥的課上得趣味盎然，主要是因為王力學問大，口才佳。上課時旁徵博引，左右逢源，詼諧生動，妙語連珠。

　　在講到在某種情況下數詞後面不能加量詞時，王力舉了個例子，說，我們只能說「看了一眼」，不能說「看了一隻眼」。學生聽了忍俊不禁，留下深刻的印象。

　　分析詞義古今有別時，王力舉了「羹」這個詞。他先是複述了《項羽本紀》中的一段話：項羽把劉邦抓住了，威脅劉邦，你不投降，就把你父親烹了。劉邦不在乎，說：我倆拜過把子，我父即你父，你若烹了，希望分我一杯羹。接著王力分析道：「我們現在說的『羹』是『湯』，古時，『羹』指『肉』，

第十二章　王力與弟子

所以劉邦說的『分一杯羹』，不是要湯，而是要肉。我們想想看，劉邦只要一杯湯，他對項羽會這麼客氣？」

看似信手拈來，實則舉重若輕。一番深入淺出的闡述，讓人一聽即懂，過耳難忘。

解釋「案」字時，王力舉了「舉案齊眉」這個詞。他說，這個詞講的是梁鴻與妻子孟光的故事。孟光給丈夫送飯，把盤子高舉得和眉毛一般齊。這個「案」在古代指「盤子」，如果是「桌子」，孟光就舉不起來。

如此駕輕就熟，要言不煩，顯然得益於學識廣博，舉例精當。

王力立足講台數十年，培養出一批又一批的語言學者。他常對弟子說這樣的話：「現在我是大牛，你們是小牛。將來你們也要成為大牛，要帶好小牛。」

這句話顯得那麼質樸謙遜，又蘊含著甘為人梯的精神。

▎化批評為營養

在中國學界，王力堪稱語言大家、學術泰，但他卻極其謙虛。倘若有人對其著作提出質疑，不論對方是誰，他都表示歡迎。博大的胸懷使他能容下任何的質疑和批評，由此，從他的身上，我們也見識了聞錯則喜的風度。

青年學者林玉山曾在一本《漢語語法學史》的書稿中，對王力的語法著作提出一些批評。為慎重起見，他將書稿寄給王力審閱。王力認真讀完書稿，很快給作者寫信，說：「你把我關於語法幾部書都看了，並能融會貫通，進行中肯的評論，我看了覺得很好。」

林玉山還看到在退回的書稿中，某些段落，王力劃了杠子，加了批語：「批評得對。」

姜亮夫是王力的同學。他曾託人帶口信向王力致歉。因為他編的一本書中，收入了一篇批評王力著作的文章。當時姜亮夫忙沒有細讀此文，書出版後，再讀，發現其中的一些批評沒有道理。王力聽了口信，笑道：「姜先生

太多慮了。學術上的事得讓大家來談，如切如磋，學術才能發展。那篇批評《同源字典》的文章我讀過，我已經去信給作者，還寄去一本《同源字典》呢！」

王力學問大，心胸亦大；口才佳，風度更佳。

王力不僅歡迎別人的批評，而且還認真研究對方的批評，化對方的批評為學術之資源。

王力的《語法綱要》，一九五四年曾被翻譯成俄文出版。前蘇聯著名學者龍果夫在序言中，對王力的一些觀點做了批評。王力非常重視他的批評。後來這本書在中國再版時，王力在寫的序中說：「我們從龍果夫教授的注解中學到了一些什麼呢？我想主要有兩點：第一，必須從語法結構上研究語法，不能單純從意義上研究語法；第二，研究語法和研究其他科學一樣，要有邏輯的腦筋。」

視批評為毒藥，只會故步自封，原地踏步；化批評為營養，才能強學問之「身」，健學術之「體」。

青年學者邵榮芬對王力《漢語史稿》第三冊詞類發展部分提出異議。王力看到她的文章，非常重視她的意見。他託人給邵榮芬帶去一套《漢語史稿》和一封信，感謝她提出的批評，並希望她寫出更詳細的意見。邵榮芬接信後很感動，說：「我讀了王力的信，很受感動，王力這樣虛懷若谷，不恥下問，只有真正的科學家才能做到。」

心胸狹隘，拒絕批評，不僅於學術無益，人格上也會受損；心胸博大，聞過則喜，不僅學問會更上層樓，人格也熠熠生輝。

王力多次對學生說，在學術問題上，誰說的對就聽誰的。在學術園地，不要講資歷講地位講身分，要看誰說的在理，要允許不同意見。百花齊放，學術才能繁榮；墨守師規，科學就不能發展。

古人云：君子之過，如日月之食焉，過也，人皆見之；更也，人皆仰之。王力歡迎批評，聞錯即改，具備這一「人皆仰之」的君子風度。

第十二章　王力與弟子

王力八十大壽時，著名學者郭紹虞撰《了一先生像贊》表示祝賀：

不矜己長，是曰無私；

即此美德，經師人師。

不攻人短，斯能袪蔽；

正義既伸，邪匿自避。

無私袪蔽，自暢其懷；

致力於學，自盡其材。

是真學者！是好風格！

威儀棣棣，是法是則。

王力感謝眾多友人為他祝壽，他的發言一如既往那麼謙遜而誠懇：

三四十年前在課堂上聽我的課的老同學，今天多數成為專家、學者、教授，其中還有世界第一流的學者。當然他們的成就是由於他們的刻苦鑽研，由於他們另有名師指導，我不能把他們的成就記在我的功勞簿上。但是，我和他們的交情是建立在學術上的，我就會感到他們的成就就是我的幸福。

王力的勤勉刻苦讓他成為「真學者」，而他的謙虛坦誠則成就了他的「好風格」。

▌十足安全感

很長一段時間，王力的著作在臺灣被列為禁書。但王力名氣太大，一些青年學者，冒著風險偷偷啃王力的著作。一位博士候選人在論文中引用了王力的觀點，但在參考文獻中卻沒提王力的著作，因為禁書不能放在文後。答辯導師認可了他的非常規做法，一致透過了他的博士答辯。一位導師發表了這樣看法：「臺灣的博士候選人冒著禁令，搶先讀了王了一先生的新書，居然得了博士學位。多一個博士，發揚王了一先生的學術，不是象徵著中國文化光明統一嗎？這不是最好的現象嗎？」

被列為禁書，仍然在學者手中悄悄流傳，這充分證明了王力著作之精名氣之大。

因為名氣大，社會上一些好學的人也寫信向王力求教。王力本著有教無類的原則，對求學者一視同仁。有問必答，有信必復。

廣東人辛干民拜王力為師長達二十年，兩人因此建立深厚的感情。1972年，當時的王力尚在「勞動改造」中，接到辛干民的信。信中，他抄了一首社會上流傳的詩，問王力是否是陳毅元帥的作品。王力回信：

你抄來的詩，原是白居易的詩，原文是：

放言五首（第三首）

贈君一法決狐疑，不用鑽龜與祝蓍。

試玉要燒三日滿，辨材須待七年期。

周公恐懼流言日，王莽謙恭未篡時。

向使當初身便死，一生真偽復誰知！

（流言日，一本作流言後；當初，一本作當時。）

《三國演義》第五十六回把這首七律改成七絕，作為「後人」（不說是白居易）罵曹操的詩，文字也稍有出入：

周公恐懼流言日，王莽謙恭下士時。

假使當年身便死，一生真偽有誰知！

這是我查出的資料，供參考。

為解答一個普通讀者的一個小問題，王力的回答那麼詳細而嚴謹，足見，對求學者，他是多麼熱心而認真。

一九七六年，辛干民寫信請教關於北曲、南曲等問題，王力的回信洋洋灑灑近千言：

第十二章　王力與弟子

二十九日來信，附來趙樸初的《江禿哭林禿》。這一首曲寫得很好，我們抄下了一份。聽說趙樸初說，除了《反聽曲》之外，其他傳抄的所謂趙樸初的詩，都不是他本人的作品。這也沒關係，只要是好詩，我們就欣賞，不管是誰寫的。

來信提出的問題，我簡單地答覆如下：

1. 襯字不講平仄。

2. 增加的曲字，不講平仄，常常不在韻腳。（如果在韻腳，要押韻。）

3. 北曲、南曲指的是元代、明代的散曲。北曲不是指京戲，南曲不是指粵曲。北曲以《西廂記》為代表，這種曲作為戲劇已不傳，但作為散曲則現在還有人學寫。趙樸初所作的曲就是北曲。南曲傳到現代變為崑曲。

4. 京戲和粵劇的曲，不是按曲譜寫的。

5. 作曲是依曲譜填寫，不過因有襯字，所以靈活得多。趙樸初有時自製曲牌，那也是一種創新。

6.「帶過」應是加上的意思。

7.《哭皇天》的簡譜如下：仄仄平平去，平平仄仄平。平平平仄仄，仄仄仄平平。平仄，平平仄仄，仄仄平平仄仄平。平平仄仄，平平仄仄。（用去聲處，不能用上聲，這是曲律比詩律更嚴處。）

8.《江禿哭林禿》不一定嚴格依照曲譜，所以我不能把它的襯字和增損標出。

我懷疑作者只作用《哭皇天》來表示「哭」，並非真的採用了曲牌《哭皇天》。至於《小上墳》，恐怕也是作者創造的曲牌。

匆匆答覆，不一定對，供參考。

對這個問題，王力的回答詳盡具體。也許，這就是傳說中的「小扣大鳴」。

一九八二年，湖北沔陽一個中學生給王力寫信，質疑課本中的兩處注解。他認為課本對「乞人不屑」的「不屑」與「吾王庶幾無疾病」中的「庶幾」

解釋有誤，他把自己的看法寫了出來，請王力老師指教。另外，他還問《屈原列傳》中提到的「秦向楚割漢中地」是怎麼一回事。

當時王力正埋頭寫作《漢語史稿》，但他還是擠出時間給這位學生回了信：

新春同學：

來信收到。你讀書提出問題，這是很好的學風，值得讚揚。你的意見基本上是正確的。「庶幾無疾病」的「庶幾」，是揣測之詞。你理解為「大概」是對的。「乞人不屑」的「不屑」，是認為恥辱而不甘心接受的意思。秦割地的理由我也不清楚，只好存疑。

平常的信件都是由我的助手代為答覆。此次因為你是高二的學生而能這樣好學深思，所以我親自答覆你。

王力

一九八二、二、十四

親筆給中學生回信，表明王力對年輕學子的關心與厚愛。在信中，王力承認不清楚秦割地的理由，這體現一個學者的求真求是、知之為知之不知為不知的嚴謹學風。按何炳棣的說法，只有一個具有十足安全感的人才會說出如此坦誠的話。可見，在學術上，王力也是個具有十足安全感的人。

王力工作繁忙，惜時如金，但卻忙裡偷閒義務輔導「編外學生」，還多次給中學生小學生回信答疑。這讓他的形象變得更加可親可敬。

龍蟲並雕

王力一直在高校工作，身居象牙塔，從事的也是「陽春白雪」的學術工作；但他從未淡忘十字街頭的大眾，熱心文化普及工作，為此寫了大量文章，並出版相關著作。對王力先生的「龍蟲並雕」，季羨林先生有這樣的評價：

從中國學術史上來看，學者們大多分為兩類。一類專門從事鑽研探討，青箱傳世，白首窮經，筆路藍縷，獨闢蹊徑，因而名標青史，舉世景仰；一

第十二章　王力與弟子

類專門編寫通俗文章，用現在的話來說，就是做普及工作。二者之間是有矛盾的，前者往往瞧不起後者，古人說「雕蟲小技，壯夫不為」可以透露其中的消息。實際上，前者不樂意，不屑於做後者的工作，往往是不善於做。

　　能兼這二者之長的學者異常的少，了一先生是其中之一。在前者中，他是巨人；對於後者，不但樂於做，而且善於做。他那許多通俗文章起了很大的作用。他的著作《江浙人怎樣學習普通話》、《廣東人怎樣學習普通話》，對於普及普通話工作所起的推動作用，是難以估量的。從這裡也可以看出了一先生的遠大的眼光和廣闊的胸懷。我認為，這是非常難得的，是值得我們大家去學習的。「陽春白雪」，我們竭誠擁護，這是不可缺少的。難道說「國中和者數千人」的「下里巴人」，就不重要，就是可以缺少的嗎？

　　王力這輩子，馬不停蹄，建構學術大廈；春蠶吐絲，哺育萬千學子；龍蟲並雕，致力文化普及。在這三個領域，王力均碩果纍纍，功勳卓著。

第十三章　錢鍾書與弟子

姓了一輩子錢，對錢從不迷信；讀了一輩子書，對書永遠痴迷。

文化大師錢鍾書出生於無錫的一個書香之家。幼時抓周時抓得一本書，得名「鍾書」；考大學時數學只有十五分，卻因國文、英文成績出色被清華大學破格錄取；後留洋深造，恣意讀書，因用眼過度而患上頭暈的頑疾。

學成歸國，錢鍾書左手創作右手治學，故紙堆裡尋覓，不亦樂乎；烏有鄉中神遊，豈不快哉？一部《圍城》，嬉笑怒罵，妙趣橫生，神來之筆隨處可見，風靡海內外，暢銷幾十年；五冊《管錐編》，博大精深，振聾發聵，妙絕之論，俯拾即是，震驚學術界，傾倒讀書人。

一堂課就是一篇好文章

錢鍾書大學畢業後，曾在光華大學、西南師範大學、國立師範學院任教。在弟子眼中，講台上的錢鍾書，學識淵博，口才絕佳，引經據典，揮灑自如。有時穿西裝，風度翩翩；有時著長袍，氣度不凡。

1933 年秋，錢鍾書應聘到光華大學教書。古人云：「常格不破，大才難得。」當年，校長羅家倫慧眼識珠破格錄取了錢鍾書，現在，光華大學聘錢鍾書為講師也是「不拘一格」。按慣例，大學本科畢業只能做助教，數年後才有望晉升講師，由於錢鍾書學生時代已嶄露頭角，並發表多篇見識不凡的文章，所以，剛上講台就直升講師。錢鍾書讀書多，口才佳，他的課在光華很受歡迎。

當時錢鍾書的父親錢基博也在光華任教，父子兩人如同比賽一樣，經常挑燈夜讀，深宵不寐，一時傳為佳話。

那段時間，溫源寧的《不夠知己》在坊間流傳，其中寫吳宓一章頗為傳神。在溫的筆下，吳宓「腦袋形似一顆炸彈」，而眼睛亮晶晶的，「像兩粒炙光的煤炭」。文中寫道：「世上有一種人，永遠不知所謂年少氣盛是怎麼一回事。雨僧就是其中一個。雖然已年滿四十，他看起來是在三十與百歲之

第十三章　錢鍾書與弟子

間，他待人以寬，待己卻甚嚴。」這樣的文筆與風格頗像錢鍾書。為關謠，錢鍾書寫了首很風趣的詩：

褚先生莫誤司遷，大作家原在那邊。

文苑儒林公分有，淋漓難得筆如椽。

詩後有注釋：「或有謂予為雨僧師作英文傳者，師知其非，聊引《盧氏雜憶》王維語解嘲。」

褚先生指修補《史記》的褚少孫。褚少孫的補文當然不如司馬遷，錢鍾書也表明不敢當司馬遷。「大作家原在那邊」引自《盧氏雜憶》中的王維語。相國王璵好與人作碑銘，有送潤筆者，誤叩王維門，王維就說：「大作家在那邊。」

錢鍾書這首小詩顯示他的博學與風趣。

在光華大學，錢鍾書還給《馬克思傳》寫了篇書評，言短意長：

記得幾天前看到一本《馬克思傳》。妙在不是一本拍馬的書，寫他不通世故，善於得罪朋友，孩子氣十足，絕不像我們理想中的大鬍子。又分析他思想包含英、法、德成分為多，絕無「猶太臭味」，極為新穎，似乎值得介紹幾個好朋友看。

1938年，西南聯大聘留學歸來的錢鍾書為教授還是破格之舉，按例，留學生回來只能先當講師，再升副教授、教授。可當時的文學院長馮友蘭致信校長梅貽琦，要求學校破格聘錢鍾書為教授：

錢鍾書來一航空信，言可到清華，但其於九月半方能離法，又須先到上海，故要求准其於年底來校。經與公超、福田商酌，擬請其於十一月底來或下學年第二學期來。弟前囑其開在國外學歷，此航空信說已有一信來，但尚未接到。弟意或可即將聘書寄去，因現別處約錢者有外交部，中山文化館之《天下月刊》及上海西童公學，我方須將待遇條件先確定與說。弟意名義可與教授，月薪三百，不知近聘王竹溪、華羅庚條件如何，錢之待遇不減於此二人方好。

著名翻譯家許淵沖是錢鍾書在西南聯大時的學生，他說，錢鍾書上課說的是一口標準的倫敦語音，純正優雅，十分悅耳。

講授課文《一對啄木鳥》時，錢鍾書用戲劇化、擬人化的手法將一個平淡的故事演繹得妙趣橫生、引人入勝，可謂「化科學為藝術，使散文有詩意」。

錢鍾書的淵博與細緻在授課時也充分顯露。講授愛倫·坡《一個兇手的自白》時，一位同學問：「某個句子怎麼沒有動詞？」錢鍾書答：「名詞後面省了動詞 be。」後來查原書，果然那個名詞後面漏了一個動詞。

蘭姆是英國的幽默大家，講授蘭姆名作《論烤豬》，錢鍾書不失時機幽了蘭姆一默。蘭姆在文章中說，為了吃烤肉把野豬藏身的樹林燒掉，可謂小題大做。錢鍾書「反唇相譏」道：「把吃烤肉的故事做成論文，不也是小題大做？」

許淵沖說，聽錢鍾書的課，十分提神、過癮，絕無沉悶之感，因為妙語連珠是錢鍾書的拿手好戲。他在課堂上說的兩句妙語，讓許淵沖銘心刻骨且終身受用。一句是 to understand all is to pardon all（理解就是原諒），一句是 everything is a question mark; nothing is a fullstop（每件事都是問號，哪有最終結論）。

許淵沖的學長許國璋聽錢鍾書的課，聽到會神處，「往往停筆默記」，他讚歎：「錢鍾書一次講課，即是一篇好文章，一次美的感受。」而李賦寧在錢鍾書的課堂上卻感受到一種衝擊力，因為「錢先生旁徵博引，貫通古今，氣勢磅礴，振聾發聵」。

在西南聯大，錢鍾書和以前的老師吳宓、葉公超等人成了同事，均任教於外語系，葉公超是系主任。

一次，外文系準備向外國書店買二百英鎊外文書，讓錢鍾書開了個書目，二百鎊沒花完，還剩四十餘鎊購書款。錢鍾書就讓老師吳宓根據需要補充要買的書目。雖然錢鍾書跟系主任葉公超彙報了此事，但葉最後卻自己做主把餘下書款用掉了，弄得錢鍾書在吳宓面前非常尷尬，便以詩代簡，向老師「告罪」：

第十三章　錢鍾書與弟子

生鍾書再拜，上白雨僧師：

勿藥當有喜，體中昨何如？珏良出片紙，召我以小詩。想見有逸興，文字自娛戲。尚望勤攝衛，病去如抽絲。書單開列事，請得陳其詞。五日日未午，高齋一叩扉，室邇人偏遠，悵悵獨來歸。清繕所開目，價格略可稽。應開二百鎊，有羨而無虧；尚餘四十許，待師補缺遺。媵書上葉先，（公超）重言申明之。珏良所目睹，皎皎不可欺。朝來與葉晤，復將此點提；則云已自補，無復有餘資。由渠生性急，致我食言肥。此中多曲折，特以報師知。匆匆勿盡意。

Ever Yours，四月十五日下午五時

這封詩簡，亦莊亦諧，妙不可言。可見錢鍾書是學人，也是趣人。

▎書是音符話是歌

錢鍾書對晚輩學子的教誨不限於課堂。一些年輕人，透過和錢鍾書書信往來、私下聊天也獲益多多。

傅璇琮寫過一篇《崔顥考》，講到崔顥一首詩《王家少婦》（全詩為：「十五嫁王昌，盈盈入畫堂。自矜年最少，復倚婿為郎。舞愛前溪綠，歌憐子夜長。閒來鬥百草，度日不成妝」）。

崔顥初見李邕，即呈上這首詩，李邕大怒道：「小子無禮，不予接待。」傅璇琮對李邕此舉頗有疑問，就寫信向錢鍾書請教。錢在回信中解答如下：

觀六朝、初唐人句，王昌本事雖不得而知，而詞意似為眾女所喜之「愛餘兒」，不惜與之「隔牆兒唱和到天明」或「鑽穴隙相窺」者；然皆「隔花陰人遠天涯近」，只是意中人、望中人，而非身邊人、枕邊人也。崔詩云「十五嫁王昌」，一破舊說，不復結鄰，而為結婚，得未曾有。李邕「輕薄」之訶，誠為費解，然胡應麟謂「豈六朝製作全未過目」，亦不中肯；蓋前人之言「恨不嫁」、「憶東家」，並未有「嫁」而「入堂」之說。李邕或是怪其增飾古典，誇夫婿「禁臠」獨得，語近佻耶？

傅璇琮收到信大喜，說：「我一段極平凡的幾百字，卻引來了錢先生極精彩的考析，真是意外之獲。」

丁偉志在《中國社會科學》做編輯時，偶爾會從來稿中選幾篇和錢鍾書專業有關的文章，請他審閱、指導，他本人也想藉機「偷」點學問。錢鍾書的答覆很及時，有時不厭其煩寫上好幾頁紙，「解難疑釋，分辨得失」。比如對「通感」，錢鍾書作了這樣解釋：「『通感』是心理學術語，與『想像』、『靈感』等有聯繫而不可等同，作者對於此界說似不嚴密，擴大以至於幾如『創造性的想像』的同義詞，這就是由於他對這問題的文獻不熟悉的緣故，而多少上了拙文的當。」

借分析李陽冰《上李大夫論古篆書》，錢鍾書進一步指出：

那是講篆書的筆畫像形，與畫彷彿，不能說是「通感」。

「通感」是這個感覺（視覺）會通於那個感「覺」（聽、觸等等），絕非「有感於物，有悟於心」。子在川上觀水，和尚參笤帚，絕不可稱為「通感」。

錢鍾書三言兩語就把一個複雜的學術問題，解釋得一清二楚。

黃梅在中國社科院工作，是楊絳的「小同事」。1983年她有機會去國外留學，當時有兩個選擇：一是去英國或美國；二是修比較文學還是進英語系。她拿不定主意就去問錢鍾書。錢鍾書態度明確，說：「出去總要把英文學好吧？進英文系。英國生活費用貴，還是去美國過日子容易些。」黃梅接受錢鍾書的建議，在美國大學英語系苦讀六年，對英文原著有了深切的體會，認識到學習雖是個漫長的過程，但在關鍵時刻得到名家點撥和指教至關重要。她感慨：「人生真是充滿偶然性，錢先生的隻言片語，無意間竟影響了我此後終生讀書問學的志向。」

和錢鍾書聊天，受到教益之餘也是一大享受，他的某位朋友說：

錢鍾書才思敏捷，富有靈感，又具有非凡的記憶力和尖銳的幽默感，每到這一時刻，錢鍾書就顯得容顏煥發，光彩照人，口若懸河，滔滔不絕；他的聲音圓潤，富有音樂質感，聽者好像在看表演和聽音樂，而能盡情分享他的知識。當評論某一個人物時，他不但談論這個人物的正面，也往往涉及他

第十三章　錢鍾書與弟子

們的少為人知的側面和各種荒唐事。他能透過他們的逸聞、逸事，描述得比他們的本來面目更為真實、更具真人相。

這位朋友感慨：「聽錢鍾書清談，是最大的享受，我們盡情地吞噬和分享他豐富的知識。我們都好像在聽音樂，他的聲音有一種色澤感。契訶夫說的對：『書是音符，談話才是歌』。」

很多年輕人，特別珍惜和錢鍾書聊天的機會，他不經意地點撥，讓你大受教益。劉再復的老師鄭朝宗就曾寫信給他，希望他「永遠不要離開這個巨人」：

你現身荷重任，大展宏才，去年在《讀書》第一、二期發表的文章氣魄很大，可見進步之速。但你仍須繼續爭取錢默存先生的幫助。錢是我生平最崇敬的師友，不僅才學蓋世，人品之高亦為以大師自居者所望塵莫及，能得他的賞識與支持實為莫大幸福。他未曾輕許別人，因此有些人認為他尖刻，但他可是偉大的人道主義者。我與他交遊數十年，從他身上得到溫暖最多。一九五七年我墮入泥潭，他對我一無懷疑，一九六○年摘帽後來信並寄詩安慰我者以他為最早。他其實是最溫厚的人，《圍城》是憤世嫉俗之作，並不反映作者的性格。你應該緊緊抓住這個巨人，時時向他求教。

其實不必老師耳提面命，劉再復也會珍惜和錢鍾書共處的時光，「時時向他求教」。

和錢鍾書聊天，丁偉志顯得頗有「心機」，他總是設法把話題引到自己關心的近代文化史範圍，他知道，只要引出錢鍾書隻言片語，自己即大有斬獲。一次，丁偉志談到康有為寫的一句詩：「彩雲思作賦，丹壁問藏書。」錢鍾書立即點評：「康聖人到了晚年，就是處處要表現他心懷魏闕。」又一回，談起張之洞，錢鍾書說：「張之洞辦洋務，特別是在清末實行『新政』中的作用，是不好一概都否定的。」另有一次談維新思潮，錢鍾書提醒丁偉志：「汪康年，是個起了重要的思想啟蒙作用的人，現在似乎對他沒有足夠重視。」

鑽研近代思想史的丁偉志聽了錢鍾書這些簡明扼要的點評，如醍醐灌頂，如撥雲見月。

對於好學的年輕人，錢鍾書會熱心地教導。一次他問一個年輕人「bug」和「siesta」是什麼意思？先問「bug」，年輕人答：「臭蟲」。錢鍾書開導他，是臭蟲，但還有一個意思。接著錢鍾書說了一個故事：一位美國人住進一個非英語國家的賓館。進房間後，美國人在房間裡尋尋覓覓彷彿找什麼，服務員奇怪，問他找什麼？美國人答：「I am looking for bug.（我在找bug）」服務員忙說：「我們是五星級賓館，哪裡有臭蟲。」美國人聳肩攤手，服務員莫名其妙地走了。

年輕人聽到這裡，好奇地問：「bug到底還有什麼意思？」錢鍾書答：「竊聽器。看來你和那位服務員一樣。」

「siesta」，年輕人知道是午睡的意思，他問錢鍾書，這個詞怎麼不像英語。錢鍾書答：「對。這個詞是從西班牙文引入的。」接著錢鍾書告訴年輕人，為什麼要把西班牙的「午睡」引進英語，因為在西班牙，午睡是頭等大事，一到中午，整個馬德里像夜晚一樣寂靜，所有人都在午睡。午後，馬德里才會醒。

錢鍾書對外語單詞的來龍去脈瞭如指掌，對中國方言、典故更是「門兒清」。一次有人問：「無錫話女兒為何稱『汝倪』？」錢鍾書答：「無錫話保留了相當部分的古音。『女兒』在古代就讀『汝倪』。『女』古音為『汝』，『兒』古音為『倪』。唐代李益的《江南曲》：『嫁得瞿塘賈，朝朝誤妾期。早知潮有信，嫁與弄潮兒』。這裡的『兒』，應讀作『倪』才押韻。」

一些海外學者見到錢鍾書，也會趁機向他請教。余英時一九七八年來大陸訪問時提出要見錢鍾書。見面後他問錢鍾書，白居易「退之服硫磺，一病訖不痊」所說是否屬實，他說，按陳寅恪的考證，確有此事。錢鍾書則告訴他，這裡的「退之」，不是韓愈而是衛中立。一句話消解了余英時心中的疑團。

錢鍾書曾擔任中國社科院副院長，他極少的幾次會議致辭，簡短漂亮，可供欣賞，甚至值得我們背誦。「紀念魯迅逝世五十週年」學術討論會上，錢鍾書的致辭不過六百字，第一段話說：

第十三章　錢鍾書與弟子

十九世紀義大利作家孟佐尼在他最著名的小說裡寫一對少年男女經過許多艱難挫折，終於苦盡甘來，他馬上說，最美滿幸福的生活是毋須敘述的，因為敘述起來，只會使讀者厭倦，全書就此收場。

我想，像魯迅這樣非常偉大和著名的人物也毋須介紹的，像「中外文化」這樣一個明白響亮的大題目，也毋須解釋的，我多餘地來介紹一番，解釋一番，作為開場白，只會使聽者膩煩。何況今天在座的都是對魯迅的生平和著作很熟悉、很有研究的女士和先生，我更不敢班門弄斧。我只代表本院歡迎各位，並預祝這次會議的成功。

謙遜誠懇，妥帖自然，讓人聽了十分舒服。

第二段更好，值得我們再三咀嚼，甚至背誦：

中外一堂，各種觀點的、各個方面的意見都可以暢言無忌，不必曲意求同。學術討論不像外交或貿易談判那樣，毋須訂立什麼條約，各方完全同意，假如容許我咬文嚼字，「會」字的訓詁是「合也」，著重大家一致，但是「討論」的「討」字的訓詁是「伐也」，「論」字的訓詁是「評也」，有彼此交鋒爭鳴的涵義。所以，討論會是具有正反相成的辯證性的，也許可以用英語來概括：No conference without differences。

▍無微不至的關懷

傅璇琮先生曾說，錢鍾書先生學風上的一大特點，是對晚輩的讚賞與扶掖。傅璇琮編的《江西詩派研究資料》，錢鍾書很看重，曾當面對他說：「你這本書我一直放在書架上，我的《談藝錄》，說的都是古人，提到現代人的，只有兩處，一處是呂思勉，一處就是你的這本書。」後來，錢鍾書在信中又重申了此事：「拙著四二八頁借大著增重，又四一六頁稱呂誠之丈遺著，道及時賢，惟此兩處。」《管錐編》出版後，錢鍾書贈傅璇琮一冊，並在扉頁上寫道：「璇琮先生精思劬學，能發千古之覆，吾之畏友。拙著聊資彈射而已。」

傅璇琮收到書，看到這幾句話，十分惶恐。他知道，錢鍾書如此揄揚他，出於對晚輩的關愛與鼓勵。

錢鍾書還認真讀了傅璇琮主編的《全宋詩》，之後，致信傅璇琮指出其中的一些錯誤。在信的結尾，錢鍾書善解人意地表明自己並非挑錯，不過是充當「校對」：「自恨昏眼戒讀書，寒舍又無書可檢，故未能始終厥役，為兄作校對員耳。不足為外人道也。」

許淵沖曾將自己翻譯的《唐詩一百五十首》和論文集《翻譯的藝術》寄給錢鍾書求教。錢鍾書回信誇讚弟子：「二書如羽翼之相輔，星月之交輝。」後來許淵沖又贈老師一本自己翻譯的《唐宋詞選一百首》，錢鍾書回信再次讚賞：「足下譯著兼詩詞兩體制，英法兩語種，如十八般武藝之有雙槍將，左右開弓手矣。」

許淵沖坦言，老師的肯定對他是極大的鼓舞和鞭策。

一九七九年，錢鍾書贈丁偉志一本剛出版的《舊文四篇》。丁拿回家一看，錢鍾書竟對這本書從頭到尾做了一遍校改，文句、引文，甚至標點、字母等錯誤或不規範之處，都作了改動。共九十五頁的一本書，校改了六十七處。丁偉志大為感動，大發感慨：「錢先生為著送我這本書，居然付出了這麼多的勞動，叫我如何能夠心安！當然我只有用加倍的努力學習，來回報這種無微不至的關懷。」

劉再復是錢鍾書器重賞識的一位後輩。他對劉的鼓勵與扶持令後者終生難忘。

1984 年，劉再復有本散文集將在香港出版，就斗膽請錢鍾書題簽。三天後，錢鍾書就將題簽寄給他，並附有一封信：

再復同志：

來書敬悉。尊集重翻一遍，如「他鄉遇故知」，醰醰有味。惡書題簽，深恐佛頭著穢，然不敢違命，寫就如別紙呈裁。匆布，即頌

日祺

第十三章　錢鍾書與弟子

錢鍾書上　二十日

書出版後，劉再復立即給錢鍾書送上一冊。錢鍾書當即回函致謝：

再復同志：

賜散文詩集款式精緻，不負足下文筆之美感堯堯，當與內人共咀味之，先此道謝。拙著《談藝錄》新本上市將呈雅教而結墨緣。即頌

日祺

錢鍾書　楊絳同候

這兩封短函，讓劉再復感受錢鍾書對年輕學子的真誠，他說：「中國文化的精髓不僅在錢先生的書裡，也在他身上。生活的細節最能真實地呈現一個人的真品格，為我題簽書名一事，就足以讓人感到錢先生是何等溫厚。」

劉再復的《性格組合論》出版後受到一些批評。一次，錢鍾書要劉去他家，有事相告。劉一到那裡，錢鍾書立即告訴他，剛才胡喬木來了，說《性格組合論》符合辯證法，肯定站得住的。劉再復聽了這句話，感動又慚愧，他沒想到自己的學術文章竟讓錢先生這樣操心。這件事讓他再次感受到錢鍾書對年輕人的溫厚。

不久，錢鍾書留劉再復在家中吃飯。飯後，就劉再復和一些學者關於主體性爭論，錢鍾書談了兩點：一、「代溝」是存在的，一代人與一代人的理念很難完全一樣；二、批評你劉再復的人，有的只是嫉妒，他們的「主義」不過是下邊遮羞的葉子。

劉再復明白，第一點是提醒他要學會寬容；第二點是鼓勵他繼續探索。錢鍾書的點撥，讓劉再復很受教益，他說：「我牢記第一點，盡可能去理解老一輩學人的理念，不負錢先生的教誨。」

一九八八年，劉再復論文《論八十年代文學批評的文體革命》在全國近千篇論文中脫穎而出，榮獲一等獎。錢鍾書給他寫了賀信，信中說：「理論文章榮獲嘉獎，具證有目共賞，特此奉賀」。

有朋友對劉再復說：「『有目共賞』四個字，尤為難得。這四個字，一字千鈞。」但劉再復明白，這是錢先生的溢美之詞，是寬厚的錢先生對晚輩的鼓勵，「切不可以為真的所有的眼睛都在欣賞你」。

▍歡迎批評的人是有力量的

錢鍾書曾說：「一個人二十不狂沒志氣，三十猶狂是無識妄人。」這句話源自桐城先輩之語：「子弟二十不狂沒出息，三十猶狂沒出息。」楊絳說，這也是錢鍾書的「夫子自道」。

人到中年後，錢鍾書學問愈益精進，人卻愈益謙遜，而面對權貴，則是一以貫之的「倚南窗以寄傲」。

《圍城》被改編成電視連續劇後，錢鍾書由學術泰斗變成娛樂版頭條，欲一睹大師風采者絡繹不絕，喜歡清靜的錢鍾書不勝其煩，便說出了那句名言：「你吃了雞蛋，又何必見下蛋的雞。」

劉再復曾請錢鍾書和社科院文學研究所年輕人見一次面，錢鍾書謝絕了。他對劉再復說：「請對年輕人說，錢某名不副實，萬萬不要迷信。這就是幫了我的大忙。不實之名，就像不義之財，會招來惡根的。」

說「名不副實」，那是謙虛；說「萬萬不要迷信」，那可是真誠告誡，青年人不可不記。

對於很多人孜孜以求的「知名度」，錢鍾書的態度是：「有些人大力建立自己的知名度，反倒被它害了。」在給學者陸文虎的信中，錢鍾書說：「大名氣和大影響都是百分之九十的誤會和曲解攪合成的東西。」

對於年輕人，錢鍾書一向以友相待，不擺長者和老師的架子。

王水照是他指導的研究生，但他收到王水照寄贈的《唐宋文學論集》時，在回信中說：「吾友明通之識，縝密之學，如孫悟空所謂自家會的，老夫何與焉」。

第十三章　錢鍾書與弟子

王水照曾師承錢鍾書，不敢說自己的本領「如孫悟空所謂自家會的」。一次見面對錢鍾書說：「我是您的學生，有『文』可證。當年我的進修計畫和您的審批意見俱在，白紙黑字。」錢鍾書聽了大笑：「給你寫的題簽，特地蓋上我的印章，已經表示咱們的交情了。」但事後寫信，錢鍾書仍以平輩待之，稱王水照為「賢弟」、「賢友」、「吾兄」。

錢鍾書把王水照這個弟子當作朋友，那是他的謙虛了。其實，他曾手把手教王水照寫論文。

王水照執筆的《唐詩選‧前言》全文一萬多字，錢鍾書為此寫的審讀意見有一千六百多字。王水照文章開頭說：「唐代是中國古代詩歌發展史上極其重要的階段，呈現出空前繁榮的景象。誠如魯迅先生所說：『我以為一切好詩到唐已被作完』……」錢鍾書以為不妥，指出：「首句『中國古代詩歌發展史』宜改為『中國文學史』更妥，因『詩歌』與其他文學體裁在語言上血肉聯繫，且唐詩至今還是有它不可磨滅的價值。此為開宗明義之句，應說得高瞻遠矚些。何況隔一句又說『中國古代詩歌』，似不須重複如此。魯迅語可引，但其意（『到唐已被作完』）是絕後，而把它來承上句『空前繁榮』，稍覺不貫，至少得說『魯迅先生還（甚至）說』這一類字樣。」

經錢鍾書提醒，王水照才發現，魯迅語中「絕後」之意與前文「空前」牴牾。王水照本人渾然不覺，錢鍾書明察秋毫，他的敏銳和縝密讓王水照大為嘆服也大受教益。

王水照文稿中還有這樣一句：「在唐詩研究中，困難不在於描述唐詩繁榮的盛況，而在於正確解釋繁榮的原因。我們下面提出一些不成熟的看法，希望能引起進一步的探討。」

「不成熟」三個字引來了錢鍾書的批評：「『不成熟』三字似可刪，因主觀上是『成』而大成、『熟』而爛熟，方敢提出公之於世。此序義非即席臨時發言或考場試卷，無人催促，非急就章，如覺『不成熟』，不妨再加深思熟慮。雖客氣話，亦當切合體裁。」

王水照一直珍藏錢鍾書對自己文稿的「審讀意見」，他從中讀出老師的智慧，也讀出他對晚輩的提攜深情。

吳泰昌曾在一本書的後記中稱錢鍾書為「老師」，錢鍾書當即回信婉拒：「『師』稱謹璧。《西遊記》唐僧在玉華國被九頭獅子咬去，廣目天王對孫猴兒說：『只因你們欲為人師。所以惹出一窩獅子來也！』我愚夫婦記牢那個教訓，一笑。」

有學者著文研究錢鍾書創作與學術成就，錢鍾書極力勸阻，他說，研究我，無異於「刻畫無鹽，疏鑿混沌」。談及《圍城》，他說：「我寫完《圍城》，就對它不滿意。」《談藝錄》，他認為是自己最不滿意的一本文學批評；《管錐編》則是「木屑竹頭」，《宋詩選注》是「模糊的銅鏡」，《舊文四篇》更是「貧薄的小書」。

錢鍾書的謙虛對年輕學者有極大的感染力。學者陸文虎有過這樣的體會。陸文虎曾讀到一篇諷刺自己的文章，他想到當前學界多吹捧少批評，就將此文收入自己編的一本文集中。錢鍾書得知此事後很高興，說：「歡迎批評的人是有力量的人，一是有實力，批不倒；二是有胸懷，經得起。」

一九八九年，文化藝術出版社出版了不定期刊物《錢鍾書研究》，儘管錢鍾書極力勸阻，這本不定期刊物還是一輯一輯地面世了。無奈之際，錢鍾書只能聽之任之，說：「編者要編報，出版家要出書，天要落雨，娘要嫁人，不以人的意志為轉移」。又感慨：「老夫竟成八股時文的《四書》射題。嗚呼哀哉，幾被作死矣！」

後來有人要成立「錢學研究會」，出版刊物。錢鍾書全力阻止，對朋友說：「我是不喜歡這類東西的人，沒想到自己成為組織『學會』的藉口，真是『人生的諷刺』了！人生的諷刺是免不了的，只希望『緩刑』到人死以後。」

有編輯從過去的報刊中發掘出錢鍾書的佚文，欲出版《錢鍾書佚文集》，寫信徵求意見，錢鍾書回信拒絕，說：「我過去寫的東西不值得保存。一些熱衷發掘『文墓』的同志曾有過和你們相同的意圖，我都不『首肯』。我在英國的學位論文（英文），香港、新西蘭先後在刊物上找到，建議出版，日

第十三章　錢鍾書與弟子

本學者建議譯為日文，我也婉言謝絕或不准許。至於這些東西將來怎樣處理，當然是『身後是非誰管得了』！」

錢鍾書一九七九年赴美返國後，美國多所大學邀他去講學，有人說，即使胡適當年卸任駐美大使後在美國也沒有如此風光過。但錢鍾書對所有的邀請都一概婉拒，他在給夏志清的信中多次談及此事：

「Princeton、Chicago等來函，邀弟明年攜眷來美『講學』，七十老翁，夜行宜止，寧作坐山虎，不為山林狼，已婉謝矣。」

錢鍾書態度堅決，但美國高校誠意不減，年復一年，不斷邀請，開出的價碼也愈來愈高，錢鍾書卻以不變應萬變，他在給夏志清的信中說：「弟自去冬訪日本歸，自省七十之年，逸我以老，安我以拙，將為伏櫪之病驥，非復行空之天馬。故 Princeton 舊約，牛津 All Souls 新招，均謝未赴；邇如香港，亦懶規往。……遊騎無歸，流輩固樂而不疲，夜行不止，古人則彌以為戒。李易安詞云：『如今憔悴，風鬟霧鬢，怕見夜間出去』，斷章詠之。知弟如兄，當能鑒諒，唯不得與兄續拾取墜歡，飫聞高論，商量舊學，增益新知，是大恨事耳！」

錢鍾書的桌上堆滿了國外的邀請函，他的外甥女曾問：「舅舅，難道你就從不考慮。」錢鍾書答：「法國總統密特朗的邀請我都沒答應，還會答應其他人？」

▋神州自有好湖山

錢鍾書和楊絳第一次見面就老實坦白，平生志趣不大，只想讀書做學問。錢鍾書的一生也驗證了這句話。升官發財念頭錢鍾書從來沒有，對於達官貴人，他要麼敬而遠之，要麼一躲了之。

抗戰勝利後，錢鍾書曾任暨南大學教授，兼英國文化委員會顧問。每月要到南京彙報工作，早車去，晚上很晚才能趕回家。一次，他回來得很早，楊絳不解，錢鍾書就說：「今天晚宴，要和『極峰』（蔣介石）握手，我趁早溜了回來。」

國民黨高官朱家驊曾許給錢鍾書一個聯合國教科文組織的職位，錢鍾書辭謝了。楊絳問：「聯合國的職位為何不要？」錢鍾書答：「那是胡蘿蔔。」楊絳想了一會，明白了：胡蘿蔔與大棒是連在一起的，吃了胡蘿蔔，就得受大棒的驅使。

　　新中國成立前夕，錢鍾書夫婦可以在國外謀一份職位，但他倆不願離開故土，離開中國，留在了上海等待解放。楊絳的話道出她和錢鍾書共同的心聲：「中國是國恥重重的弱國，跑出去仰人鼻息，做二等公民，我們不願意。我們是文化人，愛中國的文化，愛中國的文字，愛中國的語言。一句話，我們是倔強的中國老百姓，不願做外國人。」

　　一九七八年錢鍾書曾赴義大利訪問講學。期間，一位旅德學者，請錢鍾書題詞留念。錢鍾書寫了他一九三六年在歐洲創作的一首詩《萊蒙湖邊即目》：「瀑邊淅瀝風頭濕，雪外嶙峋石骨斑。夜半不須持挾去，神州自有好湖山。」

　　這首詩道出了錢鍾書對中國的熱愛，對中國文化的自信和自尊。

▎漫言高處不勝寒

　　錢先生生前曾說：「我姓了一輩子錢，還迷信錢嗎？」他說到做到，和楊絳商量決定，將全部家當、現金七十二萬元捐給清華，設立「好讀書獎學金」，獎勵成績優秀的貧寒子弟。

　　七十二萬元在當時不是一筆小數目。錢鍾書夫婦捐出的巨款與他們平常樸素甚至窘迫的生活形成鮮明對照。

　　一九八九年，楊絳《幹校六記》在一次評獎活動中獲一等獎，獎金為一千元，但主辦方卻忘了匯款。楊絳托吳泰昌查詢並代領。事後，錢鍾書寫信致謝：

　　楊絳獎金已匯到。……渠因本月分二門，各戶租金水電等費番值收算，歷六未克。親筆道謝，屬書代致感佩之忱……

第十三章　錢鍾書與弟子

接到信後，吳泰昌大為驚訝，他這才知道錢氏夫婦經常拒收酬金、捐贈稿費，不是因為有錢。從信中可看出，錢氏夫婦和其他家庭一樣，也有手頭拮据的時候。

清華校訓是「自強不息，厚德載物」，楊絳說：「我理解『自強不息』是我們要從自身做起，努力學習，求知識，學本領，永遠上進。『厚德載物』是一個道德標誌。我們努力求知識、學本領，為的是什麼？如果我們沒有高尚的思想境界敢於擔當時代重任，那我們的努力還有什麼價值？『自強不息』是『起』，起點的起；『厚德載物』是『止』，『止於至善』的止。這八個大字也是我對『好讀書獎學金』獲獎同學們的希望。」

這番話，也代表了錢鍾書的心聲。

「筋力新來樓懶上，漫言高處不勝寒」，這是錢鍾書《重九日雨》最後兩句。余英時說，這兩句詩，是錢鍾書的「詠懷詩」。由這兩句詩，我們可看出，錢鍾書是純淨的讀書人，對「阿堵物」，對「向上爬」無絲毫興趣。

國民黨的拉攏，錢鍾書無動於衷。好友鄭朝宗說：「鐘書有了楊絳，他還企求什麼？」雖是玩笑話，但也道出錢鍾書、楊絳伉儷情深，夫唱婦隨。

「天賦迂儒自聖狂，讀書不肯為人忙，平生所學寧堪贈，獨此區區是祕方。」這首出自陳寅恪筆下的詩，想必會引起錢鍾書的共鳴，因為他倆雖志趣、個性不盡相同，但卻共同具備：獨立之人格，自由之精神。

▎最聰明的人下最笨的功夫

說起錢鍾書的滿腹經綸，人們往往歸功於他的天分高，記憶力強。其實，錢鍾書學問博大精深，更多來自後天手不釋卷的苦功。古人云：「以生知之資志困勉之學」，意思是說，最聰明的人也要下最笨的功夫。用這句話來形容錢鍾書，十分貼切。

許振德是錢鍾書大學同窗，他在一篇文章裡介紹了錢鍾書大學時讀書之勤：「鐘書兄，蘇之無錫人，大一上課無久，即馳譽全校，中英文俱佳，且博覽全書，學號為八四四號，余在校四年期間，圖書館借書之多，恐無能與

錢兄相比者，課外用功之勤恐亦乏其匹。……家學淵源，經史子集，無所不讀；一目十行，過目成誦，自謂『無書不讀，百家為通』。在校時，以一週讀中文經典，一週閱歐美名著，交互行之，四年如一日。每赴圖書館借書還書，必懷抱五六巨冊，且奔且馳。且閱畢一冊，必作札記，美哲愛迪生所謂天才乃百分之九十九血汗及百分之一之靈感合成之語，證之錢兄而益信其不謬。」

抗戰時期，錢鍾書奉父命從上海趕至湖南藍田師院，一路上，舟車勞頓，十分辛苦，但任何時候，錢鍾書手中總拿著一本書，他說：「辛苦是辛苦，手上拿本書就不辛苦了。」有同事湊近一看，錢鍾書手拿的竟是一本字典，不解地問：「一本索然寡味的字典，怎能捧在手中一個月？」錢鍾書道：「字典是旅途中的良伴，上次去英國時，輪船上唯以約翰生博士的字典自隨，深得讀字典的樂趣，現在已養成習慣。」

錢鍾書在五七幹校時負責燒鍋爐，工作累、條件差，但他工作間隙依舊手不釋卷，手上捧的是磚頭厚的外文原典。一位年輕同事大為佩服，說：「這才叫『手不釋卷』，在平靜的日常環境下，做到手不釋卷，已屬不易，而在這種厄運中，仍能堅持手不釋卷，則尤其難。」

錢鍾書讀書刻苦，動筆也勤，幾乎每天都寫讀書筆記，先用古文寫一遍，再用英語、法語寫一遍。

這樣的天資下這樣的苦功，錢鍾書的淵博自不在話下。

七十年代，黃永勝在一份資料中引用了《焚書坑》：「竹帛煙銷帝業虛，關河空鎖祖龍居。坑灰未冷山東亂，劉項原來不讀書。」五七幹校學員晚上在宿舍議論這首詩，大家對「祖龍」不太清楚，這時從蚊帳裡傳出錢鍾書的聲音：「這個典故出於《史記·秦始皇本紀》，秦始皇東巡返程死於沙丘宮那年，有使者從函谷關以東回來，路經華陰平舒道，有人持玉璧擋住使者說，你把這個送給高池君。接著又說：『今年祖龍死。』祖，始也，龍，指人君，祖龍即秦始皇。」

有人找來《史記》查，分毫不差。

第十三章　錢鍾書與弟子

社科院年輕研究員劉士杰讀英語版的《基督山伯爵》，遇到一個詞「clasic」，查遍各種詞典查不到，散步時遇到錢鍾書，連忙請教。錢鍾書告訴他：「這個詞是來自法語。是法國的一個地名。」劉士杰不解：「是地名，第一個字母為何不大寫？」錢鍾書答：「問得好。因為 clasic 這個地方以烹飪著稱，時間久了，就引申為佳餚的意思。好菜就叫 clasic。」

劉士杰回去結合上下文一看，果然是「佳餚」的意思。弄懂了這個詞，劉士杰也像品嚐了一道「佳餚」那樣高興。對錢鍾書更是佩服不迭，因為從他那裡可學到字典裡學不到的知識。

畫家黃永玉和錢鍾書曾有緣住在一個小區，一次，在某飯店聚餐，兩人聊起打獵，錢鍾書便在一張菜單後，寫下五十部關於打獵的書。

黃永玉曾畫過一幅《鳳凰涅槃》，打算送給外國某城市。畫很快完成，但必須寫段文字說明，否則外國友人看不懂畫的意思。然而，黃永玉翻遍資料，找不到「鳳凰涅槃」的出處。不得已，電話錢鍾書求教，錢鍾書告訴他，可翻翻中文本的簡明不列顛百科全書，在第三冊可以找到。一翻，果然找到。

余英時在海外讀《談藝錄》，其中提到靈源和尚與程伊川二簡，可與韓愈與天顛三書相映成趣，但書中沒有舉出「二簡」的出處。余英時查了很多資料也沒找到。後來他有機會見到錢鍾書，詢問此事。錢鍾書告訴他，出處在元代《佛祖通載》。

一九五二年，錢鍾書借調至毛澤東選集翻譯委員會工作，委員會集中了全國翻譯界頂尖高手。這些高手們對錢鍾書都心服口服，因為遇到難譯之處，只有錢鍾書能一錘定音。

一次，翻譯「吃一塹，長一智」，眾人苦思半日，沒有進展，請教錢鍾書，他脫口而出：

A fall into the pit, a gain in your wit.

眾人拍手叫絕。

還有一次翻譯「三個牛皮匠，勝過一個諸葛亮」。眾人束手無策。錢鍾書將其譯成：

Three cobblers with their wits combined, equal Zhuge Liang the master.

這句名譯在翻譯圈傳頌一時。有人說，錢鍾書由此登上中國譯壇的頂峰。

▌寫文章好比追女孩子

一九七九年錢鍾書首次訪美，讓海外學人欣賞到他的口才，見識了他的淵博。

在和加州大學師生座談時，一位學者研究《金瓶梅》，向錢鍾書請教他對此書的看法。錢鍾書用英語回答：「《金瓶梅》是寫實主義極好的一部著作，《紅樓夢》從這本書裡得到的好處很多。儘管如此，在中國的知識分子間，《金瓶梅》並不是一本盡人可以公開討論的書，所以我聽說美國有位女教席在講授《金瓶梅》這本書時，嚇了一跳。因為是淫書，床笫間穢膩之事，她怎樣教？」

接著，錢鍾書從《金瓶梅》的寫實主義講到作家所犯的「時代錯誤症」。如《金瓶梅》第三十三回有諺語曰：「南京沈萬三，北京枯樹灣。」錢鍾書告訴大家，《金瓶梅》的故事發生在北宋，那時只有東京（開封）、西京；無南京、北京之分。錢鍾書還把這句諺語寫在紙上給大家看，並說自己看《金瓶梅》是三十多年前的事了，但今天引用這句話彷彿昨天剛看過那麼清楚。有位學生感慨：「這大概是錢鍾書先生最大的能耐之一，就是讀書過目不忘，若有神助，西洋人所謂『照相術的記憶力』是也。」

對於作家筆下的「時代錯誤症」，錢鍾書認為不必吹毛求疵，因為小說畢竟不是歷史。

《水滸傳》裡王婆說過一句話：「他家（武大夫婦）賣拖蒸河漏子，熱蕩溫和大辣酥」。加州大學有位教授看不懂這句話，就向錢鍾書請教。錢鍾書答：這是一句玩笑話，在西洋修辭學上叫 oxymoron（冤親詞），就是將

第十三章　錢鍾書與弟子

詞意相反的兩個詞放在一起,如新古董之類。他告訴這位教授,「河漏子」是一種點心,蒸過,就不必拖了;「大辣酥」也是一種點心,即「熱蕩」就不會「溫和」。王婆故意這樣風言風語,目的是挑逗西門慶,而作者也借這種修辭手法刻畫潘金蓮相互衝突的雙重性格。

錢鍾書說:「大學問家的學問,跟他的整個性情陶融為一片,不僅有豐富的數量,還添上個別的性質;每一個瑣細的事實,都在他的心血裡沉浸滋養,長了神經和脈絡,是你所學不會,學不到的。」

錢鍾書的「大學問」,跟他的整個性情陶融為一片後,經他的「心血裡沉浸滋養」,不僅「長了神經和脈絡」,也化成他口中、筆下那珍珠般的睿智之語。

有位記者問錢鍾書:「您的作品是高質品,文采飛揚,而且十分耐看,這幾乎是公認的。」

錢鍾書答:「寫文章好比追女孩子。假如你追一個女孩子,究竟喜歡容易上手的,還是難上手的?」

記者:「我看一般人只能追容易上手的,因為難上手的他們追不上。」

錢鍾書:「就算你只能追到容易上手的女孩子,還是瞧不起她的。這是常人的心理,也是寫作人的心理,他們一般不滿足於容易上手的東西,而是喜歡從難處著手。」

用一個妙喻揭示寫作者的心理,舉重若輕,曲盡其妙。

在美國訪問時,有位研究生問錢鍾書:「錢先生,《圍城》中每一角色,都被冷嘲熱諷過,唯獨唐小姐例外,偏偏她又是『淡出』的,這兩者中間,有什麼關係嗎?」

錢鍾書答:「難道你的意思是說,唐曉芙是我的夢中情人?」

以問代答,妙不可言。

有位記者去看望錢鍾書,兩人作了簡短交談。回去後,記者想發表談話內容,錢鍾書回信拒絕說:「乍見一人,即急走筆寫成報導,譬之《鏡花緣》

中直腸國民，『食物才入口，已疾注腸胃，腹雷鳴而下洞洩』。豈雅士所屑為哉！」

連批評、拒絕都引經據典，文質彬彬。

▌世事洞明皆學問

關於「吃飯」，錢鍾書有這樣的妙論：

社交的吃飯種類雖然複雜，性質極為簡單。把飯給有飯吃的人吃，那是請飯；自己有飯可吃而去吃人家的飯，那是賞面子。反過來說，把飯給予沒飯吃的人吃，那是施食；自己無飯可吃而去吃人家的飯，賞面子就一變而為丟臉。這便是慈善救濟，算不上交際了。……我們吃了人家的飯，該有多少天不在背後說主人的壞話，時間的長短按照飯菜的質量而定；所以做人應當多多請客吃飯，並且吃好飯，以增進朋友的感情，減少仇敵的毀謗。

「世事洞明皆學問，人情練達即文章」，錢鍾書這番話就是明證。錢鍾書通世故但卻不世故。筆下通世故，所以文章老道；生活不世故，所以做人厚道。

掛羊頭賣狗肉，愈高級愈隱晦，對此錢鍾書洞若觀火：

柏拉圖《理想國》裡把國家分成三等人，相當於靈魂的三個成分；饑渴吃喝等嗜欲是靈魂裡最低賤的成分，等於政治組織裡的平民或民眾。最巧妙的政治家知道怎樣來敷衍民眾，把自己的野心裝點成民眾的意志和福利；請客上館子去吃菜，還頂著吃飯的名義，這正是舌頭對肚子的藉口，彷彿說：「你別抱怨，這有你的份！你享著名，我替你出力去幹，還虧了你什麼？」其實呢，天知道——更有餓瘸的肚子知道——若專為充腸填腹起見，樹皮草根跟雞鴨魚肉差不了多少！真想不到，在區區消化排泄的生理過程裡還需要那麼多的政治作用。

沒有火眼金睛，哪能看出這樣的奧祕？

提倡道德當然是好事，但唱高調者往往不能行低調；另外把「道德」提到一個不適合的高度，也會帶來危害，錢鍾書說：

第十三章　錢鍾書與弟子

以才學驕人，你並不以驕傲而喪失才學，以貧賤驕人，你並不以驕傲而變成富貴，但是，道德跟驕傲是不能並立的。世界上的大罪惡、大殘忍——沒有比殘忍更大的罪惡了——大多是真有道德理想的人幹的。沒有道德的人犯罪，自己明白是罪；真有道德的人害了人，他還覺得是道德應有的犧牲。上帝要懲罰人類，有時來一個荒年，有時來一次瘟疫或戰爭，有時產生一個道德家，抱有高尚得一般人實現不了的理想，伴隨著和他的理想成正比例的自信心和煽動力。

振聾發聵，令人深思。

知識只有變成智慧才能讓我們從中獲益。錢鍾書的言行可證明，他不是死啃書本的書蟲，而是活學活用的智者。

錢鍾書口中時有警句，其實他本人就是一道警句，令人驚嘆！錢鍾書筆下睿語紛呈，其實他本人就是一棵智慧樹，根深葉茂，生機勃勃。玄思之花下面是智慧之果，供我們觀賞和採擷。

世事洞明皆學問

國家圖書館出版品預行編目（CIP）資料

大師課徒：向大師學教育 / 魏邦良 著. -- 第一版.
-- 臺北市：崧燁文化，2019.09
　　面；　　公分
POD 版

ISBN 978-957-681-832-5(平裝)

1. 傳記 2. 師道 3. 中國

782.238　　　　　　　　　　　　　　　108008921

書　　　名：大師課徒：向大師學教育
作　　　者：魏邦良 著
發 行 人：黃振庭
出 版 者：崧燁文化事業有限公司
發 行 者：崧燁文化事業有限公司
E - m a i l：sonbookservice@gmail.com
粉絲頁：　　　　　　網址：
地　　　址：台北市中正區重慶南路一段六十一號八樓 815 室
8F.-815, No.61, Sec. 1, Chongqing S. Rd., Zhongzheng
Dist., Taipei City 100, Taiwan (R.O.C.)
電　　　話：(02)2370-3310 傳　真：(02) 2370-3210
總 經 銷：紅螞蟻圖書有限公司
地　　　址：台北市內湖區舊宗路二段 121 巷 19 號
電　　　話：02-2795-3656 傳真：02-2795-4100　網址：
印　　　刷：京峯彩色印刷有限公司（京峰數位）

　本書版權為九州出版社所有授權崧博出版事業股份有限公司獨家發行電子書及
繁體書繁體字版。若有其他相關權利及授權需求請與本公司聯繫。

定　　　價：350 元
發行日期：2019 年 09 月第一版
◎ 本書以 POD 印製發行